中國學術思想

研究輯刊

三六編

林 慶 彰 主編

第 10 冊

《清華大學藏戰國竹簡（肆）‧筮法》整理與研究（下）

葉 檳 豪 著

花木蘭文化事業有限公司

國家圖書館出版品預行編目資料

《清華大學藏戰國竹簡（肆）·筮法》整理與研究（下）／葉檳豪
著 -- 初版 -- 新北市：花木蘭文化事業有限公司，2022〔民
111〕
目 4+176 面；19×26 公分
（中國學術思想研究輯刊 三六編；第 10 冊）
ISBN 978-626-344-053-1（精裝）
1.CST：易占 2.CST：簡牘文字 3.CST：研究考訂
030.8   111010190

ISBN-978-626-344-053-1

中國學術思想研究輯刊
三六編 第 十 冊   ISBN：978-626-344-053-1

《清華大學藏戰國竹簡（肆）·筮法》整理與研究（下）

作　　者 葉檳豪
主　　編 林慶彰
總 編 輯 杜潔祥
副總編輯 楊嘉樂
編輯主任 許郁翎
編　　輯 張雅淋、潘玟靜、劉子瑄　美術編輯　陳逸婷
出　　版 花木蘭文化事業有限公司
發 行 人 高小娟
聯絡地址 235 新北市中和區中安街七二號十三樓
　　　　 電話：02-2923-1455／傳真：02-2923-1452
網　　址 http://www.huamulan.tw 信箱 service@huamulans.com
印　　刷 普羅文化出版廣告事業
封面設計 劉開工作室
初　　版 2022 年 9 月
定　　價 三六編 30 冊（精裝）新台幣 83,000 元

《清華大學藏戰國竹簡(肆)‧筮法》整理與研究(下)

葉檳豪　著

目次

圖表目錄

第二節 《筮法》卦象類解卦原則

　　《筮法》卦象的概念有兩個層次，一是經卦本身的象，二是經卦卦象綜合卦位所形成的特殊卦象。以下將就這兩個層次分別說明。

一、經卦本身的象

（一）父母六子

　　男女卦在《筮法》的占辭中十分多見，與《說卦傳》第十章基本相同，將乾、震、勞（坎）、艮稱為男卦，坤、巽、離（羅）、兌稱為女卦：

> 乾，天也，故稱乎父；坤，地也，故稱乎母；震一索而得男，故謂
> 之長男；巽一索而得女，故謂之長女；坎再索而得男，故謂之中男；
> 離再索而得女，故謂之中女；艮三索而得男，故謂之少男；兌三索
> 而得女，故謂之少女。〔註32〕

　　《筮法》中運用男、女卦判斷吉凶的筮例如下：

出　處	卦　畫	占　辭	簡　序
〈死生〉7		筮死妻者，相見在上，乃曰死。	15-17
右上為震長男、左上為巽長女，根據〈得〉節例1、〈讎〉節例1、〈咎〉節例1的「妻夫」卦象，此處「相見」即指「妻夫」而言，長男、長女正好相對，故曰「相見在上」。			
〈死生〉9		筮死夫者，相見在上，乃曰死。	21-23

〈祟〉節之後，那應與〈祟〉節密切相關，很有可能是「祟」的禳解之法。但從文意來看，以此作為禳解之法似乎有些籠統，難以看出這個概念的實際巫術行為的關連性。另外從〈祟〉節的內容來看，其中所列的作祟者從天神至人鬼、精怪皆有，根據晏昌貴的整理，楚簡中的巫術行為有祭禱、攻解、攻除等，其中光是祭、禱的名目就十分繁多，「男勝女，眾勝寡」是否適用於所有巫術行為和各種神鬼精怪亦相當可疑。王化、周燕：《萬物皆有數：數字卦與先秦易筮研究》，頁169。晏昌貴：《巫鬼與淫祀─楚簡所見方術宗教考》，頁236～300。

〔註32〕 【魏】王弼、韓康伯注、【唐】孔穎達等正義：《周易正義》，頁185。

右上為勞（坎）卦中男，左上為羅（離）卦中女相對，故曰「相見在上」。			
〈得〉1		妻夫同人，乃得。	1-2
右上為乾父，左上為坤母相對，故曰「妻夫」。〔註33〕			
〈得〉4		三男同女，乃得。	7-8
右上至左上勞（坎）、震、震皆男卦，左下巽為女卦，故曰「三男同女」。			
〈得〉5		三女同男，乃得。	9-10
右上至左上坤、羅（離）、兌為女卦，左下乾為男卦，故曰「三女同男」。			
〈娶妻〉1		凡娶妻，三女同男，吉。	14-15
右上坤、左上羅（離）、左下兌為女卦，右下艮為男卦，故曰「三女同男」。			
〈娶妻〉2		凡娶妻，三男同女，兌。	16-17
右上至左上艮、乾、勞（坎）為男卦，左下巽為女卦，故曰「三男同女」。			
〈讎〉1		凡售，三男同女，女在卧上，妻夫相見，售。	18-20
右上艮，右下乾，左下震為男卦，左上兌為女卦，故曰「三男同女」。而兩上卦分別為艮、兌，少男、少女相對，故曰「妻夫」。			

〔註33〕整理小組提到右上的乾與左上的坤及右下的坤都有夫妻之象，但從〈讎〉、〈咎〉兩節的「妻夫」卦象來看，「妻夫」應是左右相對，而非上下相對。故此例的「妻夫」係指右上的乾與左上的坤相對。李學勤：〈清華簡《筮法》與數字卦問題〉，頁81。

〈見〉1		凡見，三女同男，男見。	1-2
右上至左上坤、巽、巽為女卦，左下勞（坎）為男卦，故曰「三女同男」。			
〈見〉2		凡見，三男同女，女見。	3-4
右上至左上震、乾、艮為男卦，左下羅（離）為女卦，故曰「三男同女」。			
〈見〉3		凡見大人，昭穆，見。	5-6
根據季旭昇考證，昭穆指父母卦與子女卦分居上下卦的卦象。〔註34〕此例兩下卦分別為乾、坤父母卦，右上為少男艮卦，左上為中女羅（離）卦，下卦為一個世代，上卦為一個世代，故稱「昭穆」。			
〈咎〉1		凡咎，見述日、妻夫、昭穆、上毀，亡咎。	7-9
右下為乾父，左下為坤母，故稱「妻夫」。同時，右上為巽，左上為羅（離），上下世代各異，形成「昭穆」。「上毀」指右上巽、左上羅（離）兩女卦相對。			
〈瘳〉1		凡瘳，見述日、上毀，瘳。	10-11
右上為少女兌卦，左上為長女巽卦，皆是女卦故曰「上毀」。			
〈男女〉1		凡男，上去二，下去一，中男乃男，女乃女。	19-21
上去二、下去一後得中卦勞（坎），勞（坎）為男卦，可知此卦筮占結果為生男。			

〔註34〕詳細討論見本節關於「昭穆」卦象的論述。

雖然簡文中並沒有詳細說明長幼之序，但可以從「昭穆」、「妻夫」等卦象推測與《說卦傳》相同。首先，從「昭穆」卦象可以確定《筮法》當也是以乾、坤為父母，震、巽、坎、離、艮、兌為六子。接著，「妻夫」卦象則提示了六子卦的長幼之序，《筮法》的「妻夫」卦象有三見，皆是長幼順序相同的男女卦相對，如〈得〉節例 1、〈咎〉節例 1 皆為乾、坤，父母相對；〈雠〉節例 1 為艮、兌，少男、少女相對。或可推測「妻夫」卦象必須是長幼之序相等的男、女卦同時出現在上卦或下卦才可成立。就此來看，《筮法》應也是以乾坤為父母卦，震、巽為長男、長女，勞（坎）、羅（離）為中男、中女，艮、兌為少男、少女。

此外，《筮法》一共有 57 則筮例，其中就有 16 則筮例運用了父母六子的卦象，顯現父母六子卦在《筮法》的解卦體系中已被廣泛運用。

（二）人身卦位圖

「人身卦位圖」由「人身圖」與「卦位圖」所構成，「人身圖」說明了八卦與身體部位的對應，與《說卦傳》第九章「乾為首」的對應大致相同，唯《筮法》將羅（離）卦畫置於腹部的位置，不同於《說卦傳》的「離為目」。「卦位圖」則說明了四季、方位、五行、五色的對應，與《說卦傳》第五章「帝出乎震」的內容高度重合，唯勞（坎）居南、羅（離）居北與《說卦傳》正好相反。

由於「人身圖」繪於「卦位圖」的中央，因此有部份學者認為兩圖應有密切的關係，如廖名春在提到「坎離倒反」的現象時，認為「坎離倒反」和「離為腹」是互相呼應的：

> 清華簡《筮法》篇與《說卦傳》也有一些不同，最明顯的是其卦位圖「奚故謂之勞？司樹，是故謂之勞」、「奚故謂之羅，司藏，是故謂之羅」說。「勞」即「坎」，「羅」即「離」。這樣，就坎離顛倒，坎居南方，離居北方了。這是筆誤嗎？非也。其卦位圖將《說卦傳》的「離為目」改為離居腹下，也是與其呼應的。可見不是筆誤，當是有意為之。清華簡《筮法》篇將「離」稱之為「羅」，在傳世文獻和出土文獻裡都有反映。馬王堆帛書《周易》離卦之「離」寫作「羅」，輯本《歸藏》同。特別是《周易・繫辭傳》稱：「古者包犧氏之王天下也……作結繩而為網罟，以佃以漁，蓋取諸離。」而帛書本《繫辭傳》「離」則作「羅」。比較起來，當以帛書本《繫辭傳》為勝。

《爾雅・釋器》：「鳥罟謂之羅。」《說文・网部》：「羅，以絲罟鳥也。」
《詩經・王風・兔爰》：「有兔爰爰，雉離於羅。」《毛傳》：「鳥網為
羅。」可見羅本是捕鳥的網。而離卦的卦形……正像網罟之狀。因
此在《繫辭傳》的作者心中，「羅」當為本字。由此看，清華簡《筮
法》篇「離」作「羅」，也是淵源有自。清華簡《筮法》篇將「羅」
訓為「藏」，是從「羅」的羅致、包羅義引伸出來的。《莊子・天下》
篇：「萬物畢羅，莫足以歸。」「萬物畢羅」而曰「歸」，正是「司藏」
之意。〔註35〕

張克賓認為廖名春「兩者呼應」的觀點不確，人身圖標誌了八卦人身之象，
除了離之外，其餘七卦的位置皆不對應，因此人身圖和卦位圖應視為兩種不
同意義的圖。〔註36〕只不過從廖文來看，其中所謂的「呼應」應是指「卦名」
而非「卦位」，不論是坎離倒反還是以離為腹，都是因為「羅」可引伸出「藏」
意之故。此是專指羅（離）卦而言，並非說卦位圖與人身圖可以互相呼應。

不過，張克賓認為兩者不應視為同一張圖的觀點是正確的，最早認為兩
張圖在卦位上可以互相呼應的學者是楊坤，其認為卦位圖的坎可與人身圖的
乾重「水天需」，人身圖中央可重「地火明夷」，下方人身圖的震可與卦位圖
的離重「雷火豐」，並依據這三卦的《彖》、《象》推測「人身卦位圖」是一種
闡述聖人之治的圖式。〔註37〕其後，蔡運章更將人身卦位圖視為一個整體，
推測圖中的方框可能象徵了「地方」，八卦對應四時、四方，體現了天體的消
息運行，代表了「天圓」。人身則居於卦位圖之內，象徵人居於天地之中，因
此人身卦位圖乃是「透過抽象的藝術手段，將天體運行、宇宙萬物和人體結
構有機地結合起來，正是『天人合一』觀念的象徵」。〔註38〕然而，兩位學者
實際上都是以近於解經的手法闡述人身圖與卦位圖的關係，很有可能非《筮
法》的本意。如楊坤的重卦說，其將人身圖的震卦與卦位圖的羅（離）卦相
重，但從人身圖來看，震卦並不是剛好繪於羅（離）卦的正上方，且左、右足
各繪有一震卦，從圖象上來看兩者似無可重之處。再加上《筮法》雖然有六
位卦的概念，但體系仍以經卦為主，故人身、卦位兩圖可重的說法可疑。而

〔註35〕廖名春：〈清華簡《筮法》與《說卦傳》〉，頁72。
〔註36〕張克賓：〈論清華簡《筮法》卦位圖與四時吉凶〉，頁13。
〔註37〕楊坤：〈跋清華竹書《筮法》聖人卦位圖〉，武漢大學簡帛網，網址：http://47.
　　　　75.114.199/show_article.php?id=1911（2013年9月）。
〔註38〕蔡運章：〈清華簡〈卦位圖〉哲學思想考辨〉，頁29～30。

蔡運章將《筮法》的欄線解讀成「地方」似乎也有些牽強，因此人身圖與卦位圖之間的關係當如張克賓所言，是意義不同的兩張圖，可能是因為簡牘空間的利用問題，才將人身圖繪於卦位圖之中。

　　1. 人身圖

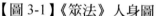

【圖 3-1】《筮法》人身圖

　　從此圖來看，各卦所代表身體部位如上所說，與《說卦傳》第九章的對應大致相同，唯羅（離）卦繪於腹部的位置。另外，還有部份學者認為坤卦的對應也不相同，坤卦在圖中應是對應胸而非腹。如孫航提到：

　　　經卦所在人體部位，坤在胸部，離在腹部，與《說卦》第九章「坤
　　　為腹」、「離為目」不同。〔註39〕

根據圖片，可以發現坤卦確實繪於相當於人胸的位置。《說卦傳》中的八卦分別對應了不同的人體部位，若羅（離）卦已對應了腹部的位置，那麼坤卦就很有可能不對應腹。然而，孔穎達《周易正義》提到：「坤為腹，坤能包藏含容，故為腹也。」〔註40〕說明坤有腹象是從其「包藏萬物」的卦象延伸而來，合於《說卦傳》第四章「坤以藏之」之語。那為何在《筮法》中的坤被安排在胸的位置呢？子居發現明夷九四爻辭：「入於左腹，獲明夷之心。」提到「坤為腹」的卦象，從其中的「心」字來看，這裡的「腹」很明顯地是指胸。此外，尚秉和《周易尚氏學》多次指出坤有心象，其注《焦氏易林》亦言「坤為腹、為胸」，或可推測「坤為腹」之腹其實就是指胸。〔註41〕事實上，從傳世

〔註39〕孫航：〈清華簡《筮法》芻議〉，頁39。
〔註40〕【魏】王弼、韓康伯注、【唐】孔穎達等正義：《周易正義》，頁185。
〔註41〕子居：〈清華簡《筮法》解析（修訂稿下）〉，頁65。

文獻來看，胸、腹皆是藏物之所，如《黃帝內經》：「歧伯曰：『夫胸腹，藏府之郭也。』」〔註42〕除了腹之外，傳世典籍亦常見「藏於胸」之語，如《韓非子・難三》：「術者，藏之於胸中，以偶眾端而潛御群臣者也。」〔註43〕《管子・內業》：「凡物之精，此則為生下生五穀，上為列星。流於天地之間，謂之鬼神，藏於胸中，謂之聖人。」〔註44〕可知除了腹之外，胸亦可藏物，也與「坤藏」的卦象相合。《筮法》將胸、腹分別對應坤、羅（離）兩卦，顯然是將兩者視為兩個不同的部位，再綜合《周易》本經唯一提到「腹」的明夷九四爻辭來看，坤最初對應的人身位置很有可能是胸而非腹。只不過，由於胸、腹皆有藏義，在《說卦傳》中，其它七卦也無藏象，因此《說卦傳》中的「坤為腹」很有可能同時代表了作為藏物之所的胸、腹兩處，並不像《筮法》單純指胸。

　　至於人身圖在《筮法》中的用途，由於《筮法》前半部的筮例並不見其運用，故未知〈人身圖〉在《筮法》中的實際作用為何。

2. 卦位圖

【圖 3-2】《筮法》卦位圖及其摹寫

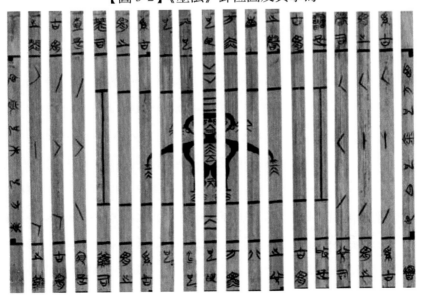

〔註42〕姚春鵬：《黃帝內經》（北京：中華書局，2010 年 6 月），頁 1131。

〔註43〕【清】王先謙撰：《韓非子集解》，頁 380。

〔註44〕黎翔鳳：《管子校注》，頁 931。

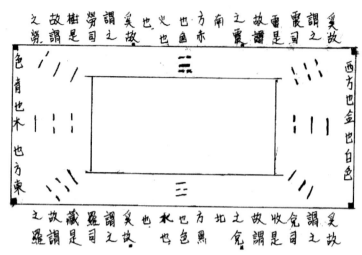

〈卦位圖〉畫在〈人身圖〉的外圍，並附有文字說解，講述了四正卦與四方、四時、五行、五色的對應關係，今就簡文整理如下表：

【表 3-1】《筮法‧卦位圖》物象對應表

	四方	四季	五行	五色
震	東	春	木	青
勞（坎）	南	夏	火	赤
兌	西	秋	金	白
羅（離）	北	冬	水	黑

從表格中，可以知悉《筮法‧卦位圖》的幾個特點。其一、上表四方、四季、五行、五色的對應與《禮記‧月令》、《呂氏春秋》十二月紀的內容完全相同。其二、這個對應與《說卦傳》的「帝出乎震」章相比，坎、離兩卦正好相反。其三、就其坎離二卦的對應來看，可推斷《筮法》坎、離二卦的取象並非坎水離火，而是坎火離水。

這個現象前所未見，顛覆了以往對坎、離二卦的認識。對此，已有不少學者嘗試論證，大致可以從卦名及陰陽兩個層面來談：

（1）卦 名

《筮法》稱坎卦為勞卦，稱離卦為羅卦，並將震、勞、兌、羅訓以雷、樹、收、藏，遂有學者注意到雷、樹、收、藏可能與卦名的字義有關。最早提出這個觀點的學者為廖名春，其提到「羅」的本義是捕捉鳥獸的網子，或可由羅的包羅、網羅義引伸出收藏義，與「冬藏」相合，故《筮法》將「羅」對

應冬天、北方、水及黑色，應是受到卦名用字的影響。

至於「勞」字，廖名春提到坎卦作「勞」並非《筮法》首見，早先出土的王家台秦簡《歸藏》也將「坎」卦寫成「犖」。此外，「帝出乎震」中也有「勞乎坎」之語，只是此前從未依此將坎卦與夏天、南方扯上關係。而《筮法》以「樹」訓「勞」，廖名春認為由於「司樹」之「樹」有生產義，故《筮法》才將☵稱為「勞」，指夏天的勞動、勞作。〔註45〕張克賓贊同廖名春對於羅卦的看法，並論證震、兌兩卦的字義與「雷」、「收」的關係，其中「震、雷都有使物發動之意，因此以之象徵萬物生發之春。」而兌可以通「奪」，「奪」有「取」的意思，而「取」又與「收」相通，可知震、兌、羅三卦的字義與司雷、司收、司藏的意義都相通。但張克賓並不贊同廖名春勞為勞動、勞作的說法，其認為「勞」本身並沒有生產的意思，春天播種，秋天收穫何嘗不是勞動、勞作，故勞有可能是「以其字從熒而取熒惑之意」，或是「因為勞從火而將之置於南方。」〔註46〕

然而，根據本文第二章關於「樹」的論述可知，「樹」在此有培養的意思，「司樹」指夏季培養作物。接著，根據先秦即有「先勞而後有獲」的觀念，可推測《筮法》以兌司收，而勞在兌之前司樹，「勞」當指收穫前培育作物的辛勞，因此廖名春將「勞」解為勞動、勞作當可從。

由此觀之，〈卦位圖〉以羅卦為北，勞卦為南，符合羅、勞兩卦的字義與四時的對應。因此坎離倒反的原因之一，在於《筮法》使用了勞、羅作為☵、☲的卦名，其字義聯繫了卦與季節的關係。

（2）陰 陽

「坎離倒反」除了卦名的因素外，還有一種可能的原因，那就是與坎、離兩卦本身的陰陽屬性有關。目前學界多認為《筮法》將坎為火置於南方，離為水置於北方的作法，符合坎、離與時序、方位及五行的陰陽屬性對應。《說卦傳》將屬於陽卦的坎，配以陰象的水、北方、冬天；將陰卦的離配以陽象的火、南方、夏天，其對應的陰陽屬性正好相反。〔註47〕

〔註45〕廖名春：〈清華簡《筮法》與《說卦傳》〉，頁72。

〔註46〕張克賓認為兌卦在帛書《周易》作「敚」，段玉裁以「敚」為「爭奪」之「奪」的正字。則知帛書《周易》讀「兌」為「敚」而借為「奪」也。《玉篇·部》云：「奪，取也。」《玉篇·又部》云：「取，收也。」可知兌可通奪而有收的意涵。上述張克賓之說請見氏著：〈論清華簡《筮法》卦位圖與四時吉凶〉，頁14。

〔註47〕這個觀點最早由程少軒於網路上提出，認為坎卦為陽、離卦為陰正與水陰火

關於「火─南方─夏天」為陽，「水─北方─冬天」為陰的觀念，於先秦文獻中就可找到相關的記載。如《尚書‧洪範》云：「水曰潤下」、「火曰炎上」。〔註48〕雖然《尚書‧洪範》中的水、火已為五行之一，但其描述了水往低處流、火向上延燒的特性，顯現先民對水、火性質的認知。這個特點正好與陽升陰降的概念相符，如《尚書正義》又曰：「水既純陰，故潤下而趣陰。火是純陽，故炎上而趣陽。」〔註49〕說明了火與陽、水與陰因為性質相近而配屬在一起。再來從「夏」、「冬」的陰陽來看，《管子‧形勢解》：「夏者陽氣畢上，故萬物長，……冬者陰氣畢下，故萬物藏。」〔註50〕除了說明陽有上升，陰有下降的特性之外，還點出夏季為陽氣最盛，冬季為陰氣最盛的季節，故以夏季為陽、冬季為陰亦十分合理。而方位因四方與四時很早就結合在一起，故與夏季相配的南方同屬於陽，與冬季相配的北方同屬於陰，如《管子‧四時》言：「南方曰陽，其時曰夏，其氣曰陽，……北方曰月，其時為冬，其氣曰寒，……以符陰氣。」〔註51〕由此可知先民對於方位、時序與水火的陰陽認知，確實以「火─南方─夏天」為陽，「水─北方─冬天」為陰，因此，李宛庭提到：

> 坎、離二卦代表的陰陽概念並沒有變動，有所變動的是卦位及五行。……這表示「方位」與「五行」的對應是成套的，「水─北」、「南─火」為固定組合，變動的是八卦的配對而已。〔註52〕

其說甚是，只是從《筮法》的對應來看，勞（坎）、羅（離）在根本的物象層面上就已經相反了，並非只是五行對應的區別。若勞、羅對應的五行為火、水，那麼其物象對應也不可能以勞（坎）為水、羅（離）為火。綜合來看，《筮法》與「帝出乎震」章八卦與陰陽的配對一致，勞、坎都是陽卦，羅、離都是

陽相合，後於〈清華簡《筮法》「坎離易位」試解〉中引用張政烺、邢文對於馬王堆帛書〈衷〉對「火水」之序的研究成果說明這個觀點。見氏著：〈清華簡《筮法》「坎離易位」試解〉，《中國文字》新41期（2015年7月），頁179～180。網路文章請參程少軒：〈關於清華簡《筮法》八卦圖「坎離易位」的一點推測〉，復旦大學出土文獻古文字研究中心論壇，第1樓，2013年8月19日，網址：http://www.fdgwz.org.cn/forum/forum.php?mod=viewthread&tid=6641&extra=&page=1

〔註48〕【漢】孔安國傳，【唐】孔穎達等正義：《尚書正義》，頁170。
〔註49〕【漢】孔安國傳，【唐】孔穎達等正義：《尚書正義》，頁170。
〔註50〕黎翔鳳：《管子校注》，頁1168。
〔註51〕黎翔鳳：《管子校注》，頁854。
〔註52〕李宛庭：《清華大學藏戰國竹簡（肆）‧筮法研究》，頁119。

陰卦；而物象、方位與時序的配對也一致，都是「火—南方—夏天」為陽象、「水—北方—冬天」為陰象，兩者的差異在於坎離與水、火物象的對應不同。《筮法》將☵置於南方為火、為夏，將☲置於北方為水、為冬，使坎、離二卦與物象本身的陰陽配屬具有一致性。因此坎離倒反的第二個原因，在於《筮法》較為重視坎、離兩卦與物象本身的陰陽屬性。〔註53〕

至於「卦位圖」在《筮法》中的實際運用，主要有以下三種形式：

（1）左　右

此左右並非四位卦的左右之分，而是〈得〉節筮例中出現將八經卦區分為「左」、「右」的特殊卦象，整理小組根據筮例占辭的規律，認為此左右之象當與卦位圖有關，以羅（離）、艮、震、巽為左；勞（坎）、坤、兌、乾為右：〔註54〕

【圖3-3】《筮法》八卦的「左右」之分

〔註53〕上述關於「坎離倒反」的相關論述，筆者曾於東華大學舉辦之奇萊論衡研討會中發表，請參拙作：〈從《筮法・卦位圖》與《說卦傳・帝出乎震》之差異談易卦與五行對應體系的流變〉，發表於「第三屆『奇萊論衡』全國研究生文學研究暨文藝創作研討會」（花蓮：東華大學中文系主辦，2016 年 11 月 25日），頁 156～158。另外，陳睿宏老師曾在筆者碩士論文口試時提到：「《說卦傳》的坎水離火對應，未必就有陰陽上的矛盾。因坎水為陽氣之始，離火為陰氣之始。」如孔穎達疏《禮記・月令》「其數八」時提到：「天一生水於北，地二生火於南，三生木於東，地四生金於西，天五生土於中，以益五行生之本。……一曰水者，乾貞於十一月子，十一月一陽生，故水數一也。……二曰火者，坤貞於六月未，六月兩陰生，陰不敢當午。」也就是說，《說卦傳》的坎離對應可能與此天一生水為陽，地二生火為陰的概念有關。只不過，筆者參考梁韋弦之說，頗疑「帝出乎震」章中是否有五行說存在，雖然「帝出乎震」章中有「坎者，水也，正北方之卦之卦也。」先秦的五行說是一個分類的體系，口試老師提到此處的水與北方放在一起，或可將這個水視為五行分類中的水。只不過，筆者考「帝出乎震」的內容，並未發現震有木、離有火、兌有金的五行配象。如上所述，水、北方都是陰性的物象，可能因為其屬性而配在一起。若此，則這個水未必是五行分類的意義。關於《說卦傳》的五行問題，請參本文第四章第二節。

〔註54〕整理小組之說及圖片皆引自李學勤主編：《清華大學藏戰國竹簡(肆)》，頁82。

筮例如下：

出　處	卦　畫	占　　辭	簡　序
〈得〉2		三左同右，乃得。	3-4
右上至左上羅（離）、艮、巽皆為左，左下坤為右，故曰「三左同右」。			
〈得〉3		三右同左，乃得。	5-6
右上至左上坤、兌、兌為右，左下羅（離）為左，故曰「三右同左」。			

將卦位圖中的八卦區分為左右乃《筮法》首見，《說卦傳》中並無此說，根據
〈四季吉凶〉的規律，除去右卦的乾坤，〔註55〕僅知被分為左卦的震、巽同
屬春季，艮、羅（離）同屬冬季，被分為右卦的勞（坎）為夏季，兌卦為秋
季，左右剛好各有兩個季節。然而，《管子・形勢解》云：「春者，陽氣始上，
故萬物生。夏者，陽氣畢上，故萬物長。秋者，陰氣始下，故萬物收。冬者，
陰氣畢下，故萬物藏；故春夏生長，秋冬收藏，四時之節也。」〔註56〕可知
春、夏兩季陽氣漸長，秋、冬兩季陰氣漸長，而此處的左、右卻分別是冬、春
兩季與夏、秋兩季，與陰陽消長的規律不符，可推測此左右之分可能與四季
無關。由於《筮法》簡文也沒有特別說明，故其區分左右的依據目前暫且不
明，僅張克賓猜測這可能與「天不足西北，地不滿東南」的時空宇宙觀有關。
〔註57〕而王化平則推測與八卦的五行安排有關。〔註58〕

（2）四正、四隅卦

　　《筮法》中亦可見到以四正、四隅卦為占的案例，一共有兩例，都出自
〈至〉節：

〔註55〕乾、坤兩卦並未出現於〈四季吉凶〉吉凶中，而是另立〈乾坤運轉〉節說其
　　　　吉凶，這說明了《筮法》中的乾、坤二卦很有可能不對應任何季節，請見本
　　　　章第四節的相關論述。
〔註56〕黎翔鳳：《管子校注》，頁1168。
〔註57〕張克賓：〈論清華簡《筮法》卦位圖與四時吉凶〉，頁15。
〔註58〕王化平、周燕：《萬物皆有數：數字卦與先秦易筮研究》，頁213～214。

出　處	卦　畫	占　辭	簡　序
〈至〉1		至，四正之卦見，乃至。	9-10
四正卦指震、勞（坎）、兌、羅（離）四卦，此筮例右上至左下分別為震、羅（離）、勞（坎）、兌，正是四正卦齊聚之象。			
〈至〉2		其餘易向，乃亦至。當日、不易向，聞問不至。	11-13
從卦畫來看，從右上至左下分別為艮、巽、乾、坤四卦，可知「其餘」乃是指「四隅卦」，整理小組認為「易向」、「不易向」指四隅卦的位置是否發生變動。〔註59〕也就是說若右上至左下分別為坤、乾、巽、艮則符合「不易向」的卦象，其餘排列方式則為「易向」。			

從這兩則筮例可知《筮法》確實區分出了四正卦與四隅卦，並進一步用來占斷。首先關於四正卦，有不少學者提到此處用四正卦來占斷至與不至，或許說明了《筮法》已將四正卦與節氣中的二分二至對應起來，正因為四正卦代表了節氣中的「至節」，故可用來占斷「至」與「不至」。〔註60〕此說或可從，從《尚書大傳》中可以看到早期八卦與十二月的對應，其中震、離、兌、坎分別對應了仲春、仲夏、仲秋、仲冬四季：

> 仲春之月，御青陽正室，牲先脾，設主於戶，索祀於震正。……仲
> 夏之月，御明堂正室，牲先肺，設主於竈，索祀於離正。……仲秋
> 之月，御總章正室，牲先肝，設主於門，索祀於兌正。……仲冬之
> 月，禦玄堂正室，牲先腎，設主於井，索祀於坎正。〔註61〕

而仲春、仲夏、仲秋、仲冬這四個月，在《禮記‧月令》中正好是二分二至所在的月份：

> 仲春之月……是月也，日夜分。……仲夏之月……是月也，日長
> 至。……仲秋之月……是月也，日夜分。……仲冬之月……是月也，

〔註59〕李學勤主編：《清華大學藏戰國竹簡（肆）》，頁87。

〔註60〕王化平、周燕：《萬物皆有數：數字卦與先秦易筮研究》，頁233～234。韓慧英：〈試析清華簡《筮法》中的卦氣思想〉，頁37～38。

〔註61〕【漢】伏生撰、【漢】鄭玄注：《尚書大傳》，收錄於嚴一萍選輯：《叢書集成續編》（臺北：藝文印書館，1970年），卷下頁3～6。

日短至。〔註62〕

日夜分即是指春分和秋分，日長至即為夏至，日短至則是冬至。雖然《筮法》的其它簡文並沒有八卦與節氣對應的內容，但從卦位圖可以確定《筮法》的四正卦確實對應了四季。而二分二至作為四季運行的標的，自然可代表四季的概念。因此，《筮法》的四正卦除了四季之外，可能還隱含了二分二至的節氣概念，並由此逐漸擴充，最終形成了漢代的卦氣易學。〔註63〕

至於四隅卦，從占辭中可以發現其運用的形式與四正卦不同，是以「卦位」的形式為占。其實，《筮法》的四位卦形式與四隅卦的方位相同，都有右上、右下、左上、左下四個角落，故被加以連結並運用。只不過，為何四隅卦易位為至，不易位則不至的原因目前仍未可知。但從概率來看，不易向顯然比易向還要難筮得。

（3）五　行

從卦位圖的釋文可知四正卦皆對應了五行，以震為木、勞（坎）為火、兌為金、羅（離）為水，而〈雨霽〉節更可以見到直接將經卦轉換為五行用以為占的案例：

出　處	卦　畫	占　辭	簡　序
〈雨霽〉2		金木相見在上，陰。水火相見在下，風。	16-18
兩上卦分別為兌、巽，兌為金，巽為木故曰「金木相見在上」。兩下卦分別為艮、勞（坎），艮為水，勞（坎）為火，故曰「水火相見在下」。〔註64〕			

除了四正卦之外，從中還可以看到巽、艮兩個四隅卦的五行配屬，與各自前一位的四正卦有著相同的五行，這點在〈四季吉凶〉中亦可見之。只不過後世皆是將艮卦配土，但《筮法》卻是將艮卦配水，這是與傳世文獻差異比較大的地方，相關論述請見本章第四節關於八卦吉凶的論述。

回到這則筮例的卦象問題，若按照常見的五行關係，此例上下卦皆為五

〔註62〕【漢】鄭玄注，【唐】孔穎達等正義：《禮記正義》，頁 298、300、315、317、324、326、344、346。

〔註63〕王化平、周燕：《萬物皆有數：數字卦與先秦易筮研究》，頁 234。

〔註64〕李學勤主編：《清華大學藏戰國竹簡（肆）》，頁 95。

行相剋之象。子居認為此筮例的上卦為兌金剋巽木，兌金為陰在上，陰在上則不見日象，故為陰天。兩下卦為艮水剋勞（坎）火，水屬陰，陰在下方，象徵巽卦，故有風。〔註 65〕其中，上卦用兌卦本身的陰陽來判斷結果之所以為陰的說法尚可備為一說，但下卦用「水屬陰」的概念來判斷，忽視艮本為陽卦的事實，與上卦的解釋有落差，且就「陰在下」聯想初爻為陰的巽較為牽強，恐非。

（三）數

以「數」為占的筮例在《筮法》中共六見，如下表：

出　處	卦　畫	占　　辭	簡　序
〈得〉6	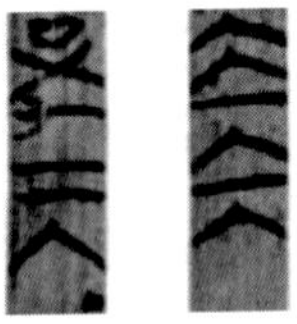	見覆數，乃亦得。	11-12
在文字校釋中已辨明「覆」是指左上兌卦的數列狀態為倒覆，而四五九按照奇偶轉換成陰陽爻後正是兌卦，故曰「覆數」。			
〈支〉1	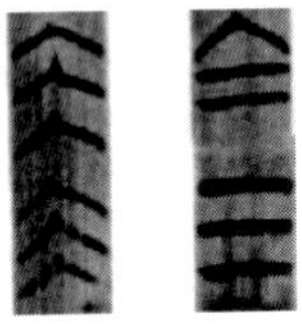	凡支，數而出，乃遂。	5-6
兌卦在右上，故曰「數而出」。			
〈支〉2	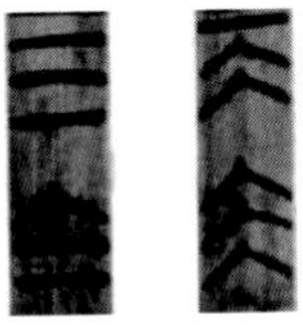	凡支，數而入，乃復。	7-8
兌卦在左下，故曰「數而入」。			
〈讎〉1	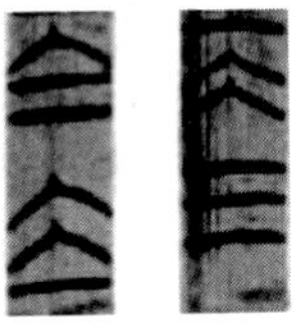	凡售，三男同女，女在毋卜上，妻夫相見，售。	18-20

〔註 65〕子居：〈清華簡《筮法》解析（修訂稿上）〉，頁 25。

〈讎〉2		表淯，售。數而出，乃亦售	21-22
此筮例較為特別，需要上下兩則筮例互相參看，「數出」乃是指例 1 左上的兌卦。〔註66〕			
〈雨霽〉1		凡雨，當日在下，數而入，雨。當日在上，數而出，乃霽。	12-15
兌卦在右上，此筮例實際上只有「數而出」的卦象，沒有「數而入」。			
〈行〉1		凡行，數而出，遂。數而入，復。	22-23
兌卦在右上，此筮例實際上只有「數而出」的卦象，沒有「數而入」。			

　　除了這六則筮例之外，〈果〉節也有「外事數而出，乃果；內事數而入，亦果。」之語。關於「數」的具體所指，《筮法》並沒有特別說明，但整理小組疑與兌卦有關。其中唯一不符合的筮例是〈讎〉節例 2，但透過李宛庭的論證可知〈讎〉節的占辭可能橫跨兩則筮例，「數出」的卦象實際上指例 1 的左上卦，因此〈讎〉節的「數」仍與兌卦有關。

　　當然，也有一些學者不贊同這種看法，如李尚信認為《筮法》既然以筮數卦為主，那麼凡卦皆應為數，不該單指兌卦。而「數出」、「數入」之所以

〔註66〕「數而出」的占辭出現在例 2，但例 2 的卦畫中卻無兌卦存在。李宛庭發現
　　　　《筮法》中有些占辭橫跨了多則筮例，最明顯的例子為〈貞丈夫女子〉，四則
　　　　卦畫共用一則占辭。綜合例 1 來看，可根據「售」字的位置將這兩例的占辭
　　　　拆成三個部份，第一部份是例 1 的「三男同女，女在毌上，妻夫相見，售。」，
　　　　其中「三男同女，女在毌上」是兩例皆有，「妻夫相見」則只有例 1 符合。第
　　　　二部份是例 2 的「表淯，售。」指例 2 左上卦出現筮數 9。第三部份是同為
　　　　例 2 的「數出，乃亦售」，由於例 2 無兌卦，故此處的數出很有可能是補充例
　　　　1 的卦象，也就是說〈讎〉節的占辭先將兩者共有的卦象寫在最前面，接著
　　　　寫例 1 獨有的卦象。由於簡牘空間的限制，例 2 寫完其卦象之後，再回過頭
　　　　來補充例 1 的卦象。因此〈讎〉節例 2 的占辭言「表淯，售。數出，乃亦售。」
　　　　而非「表淯、數出，售。」其說可從。李宛庭：《清華大學藏戰國竹簡（肆）‧
　　　　筮法研究》，頁 165～166。

和兌卦有關，關鍵在於「出」、「入」二字。《雜卦傳》言：「兌見而巽伏也。」兌見指其陰爻在上，見即出，伏即入，因此兌卦在上卦為數出，在下卦為數入。至於不用巽卦的原因，很有可能是筮占系統的差異所致。〔註67〕然而，從上述的筮例來看，言「數入」者共有三例，皆未見巽卦在下卦者，雖然李尚信猜測「數入」不用巽卦的原因是筮占法本身的選擇不同所致，但實際上並沒有證據證明，如果《筮法》的所有卦皆稱「數」，那為何未見其餘經卦有「數A」、「數B」之類的卦象呢？再者，《雜卦傳》中還有「離上而坎下」之語，韓康伯注曰：「火炎上，水潤下。」〔註68〕雖然《筮法》坎、離兩卦倒反，但《筮法》明確將勞（坎）配火，羅（離）配水，而上、下也可通於出、入；若按照「凡卦皆可言數」的觀點，此處的「數出」、「數入」用坎、離兩卦代之似乎也說得通。只是這顯然不符合《筮法》的筮例，故其說恐非。

除了李尚信之外，雪苗青也反對「數」為兌卦的觀點，理由有四：其一、「數」本身是抽象用詞，將之固定指兌卦違反常理。其二、將「數」解釋為兌卦於筮例不合，如〈行〉節的占辭同時出現「數出」、「數入」，但如果將數解釋為兌卦，那麼其卦畫實際上只符合「數出」，不能同時涵蓋數出、數入兩種狀況。其三、〈讎〉節例2的卦畫中並沒有兌卦，整理小組想像出一個兌卦來代替左上的羅（離）卦，不符合《筮法》就卦談卦的普遍現象。其四、從〈果〉節可知數出、數入是一個很重要的吉凶判斷參數，兌卦不可能有這種功能，至少從〈四季吉凶〉中看不到一個卦能抽象地決定筮占結果。雪苗青認為「數」應讀為「數字」之「數」，「數出」指數字由內向外變大，「數入」指數字由外向內變大，如〈讎〉節例2左上的數字由下往上為八、

九，故為「數出」。又如〈行〉節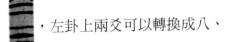，左卦上兩爻可以轉換成八、

四，數字由內向外變大，故稱「數出」；左下卦的二、三爻可以轉換成五、八，數字由外向內變大，故稱數入。〔註69〕

〔註67〕李尚信：〈清華簡《筮法》筮例並非筮占實例〉，頁57。

〔註68〕【魏】王弼、韓康伯注、【唐】孔穎達等正義：《周易正義》，頁189。

〔註69〕雪苗青認為《筮法》的　一　、　　　皆是陰陽符號而非數字，為四、五、八、九的轉寫。雪苗青：〈清華簡《筮法》諸例卦皆數字卦嗎？發現反例──與李學勤、廖名春等先生商榷〉，頁70。

　　只不過從《筮法》的內容來看，「數」很有可能並不是指「數的排列」。首先，將〈行〉節的▬、◤轉換成其他數字以解釋數出、數入略顯牽強，根據其假設，▬、◤可以轉換成四、五、八、九，且只要兩個爻就足以構成「數出」、「數入」的象。若此，則所有的卦基本上都會同時包含「數出」、「數入」，如此一來「數出」、「數入」就不具備特殊性，無法拿來判斷吉凶。再者，如果「數出」、「數入」真的與數列的大小排列有關，那麼以《筮法》的文獻性質來看，〈支〉、〈雨旱〉、〈行〉諸節的卦畫應當要寫出具體數字以利說明，不應只列出▬、◤。

　　此外，〈得〉節例6有「覆數」一語。經過第二章文字方面的探討之後，可以發現▼應讀為「覆」而非「丁」，指上上卦的筮數倒覆，該筮例左上卦由下而上分別為九、五、四，按照雪苗青的觀點，這個數列符合「數入」的條件。然而，《筮法》此處並不言「數入」，可推測「出入」和筮數的序列無關。

　　事實上，雪苗青提出的四個反駁中，第二、第三點並不能成為「數」不為「兌」的理由。首先，關於若將「數」解釋為兌，就不符合筮辭中同時出現「數出」、「數入」這點。其實從〈雨霽〉節例1來看，其占辭以占得數入為雨、數出為霽，而雨、霽不可能同時發生。同樣地，〈行〉節的筮占結果數出為「遂」，數入為「復」，以「行」這個命辭來看，可能指占問是否要繼續前行，「遂」指繼續前進，「復」指返回。而實際筮占中不會同時出現「遂」、「復」兩種結果，因此〈雨霽〉、〈行〉的卦畫只符合數出相當合理，推測數出、數入的筮例本來應當要像〈支〉節一樣分成上、下兩則筮例說明，但可能礙於簡牘空間的限制，而將數入的案例省略了，併入同一例說解。

　　綜合來看，「數」目前仍應如整理小組所說指兌卦，如金宇祥所言：「《筮法》的筮例中出現兌卦的地方很多，但筮辭中不一定有『數』。但只要是筮辭中有出現『數』的筮例，就一定有兌卦。由此可證原考釋對於『數』的看法是對的。」〔註70〕但雪苗青的一些懷疑仍是引人深思的，譬如為何將兌卦稱為

〔註70〕金宇祥還討論了「數出」、「數入」的兌卦卦位問題。由於整理小組在〈支〉節的注釋中提到：「前一卦例，兌在右上，為『數而出』。後一卦例，兌在左下，為『數而入』。」認為兌卦似乎要出現在右上、左下才是數出、數入。但金宇祥透過〈雔〉節例2判斷數出的卦象並不限於右上卦，兌出現在左上卦亦可成立。而數入由於筮例過少，金宇祥認為暫時無法確定數入是否不限於左下。但根據數出的狀況來看，數入也應當沒有限制左右卦。此外，從〈得〉節例六來看，將兌卦稱為「數」也與兌卦的出現位置無關。李學勤主編：《清華大學藏戰國竹簡（肆）》，頁86。金宇祥：《清華肆‧筮法》淺議》，頁9～11。

「數」呢？這個「數」的背後代表了什麼意義？而兌卦在什麼狀況下會具備「數」的概念呢？又為何除了兌卦之外，其餘七個經卦在《筮法》中沒有別稱呢？這個卦象還存在著許多謎團，只不過以現有的材料來看，這些問題恐怕還難以解決。

（四）陰、陽

《筮法》中可見一處將乾、坤兩卦稱為「陰」、「陽」的案例，如下：

出　　處	卦　　畫	占　　辭	簡　序
〈得〉7		作於陽，入於陰，亦得，其失十三。	11-12
整理小組提到右方兌卦在乾卦之上，故曰「作於陽」；左方兌卦在坤卦之下，故曰「入於陰」。〔註71〕就此來看，陰、陽即是乾、坤二卦。			

八經卦有陰陽之分，如「父母六子卦」就明確區分了乾、震、坎、艮為男卦，坤、巽、離、兌為女卦，男為陽，女為陰。此外，《繫辭下傳》亦言：「陽卦多陰，陰卦多陽。」孔穎達疏曰：「陽卦多陰，謂震、坎、艮一陽而二陰也。陰卦多陽，謂巽、離、兌一陰而二陽也。」〔註72〕然而，《筮法》用陰、陽來稱呼八卦者僅有此例。故未知除了乾、坤之外，六子卦是否也可以用陰、陽稱之。但是從《筮法》的內容來看，或可疑此陰陽為乾坤的專指。首先如上所述，《筮法》多用父母六子的概念解卦，其中乾坤兩卦為陽陰的代表，而陰陽交會變化後則產生出六子卦。如孔穎達疏《說卦傳》父母六子卦：「以乾坤為父母而求其子也，得父氣者為男，得母氣者為女。」〔註73〕《周易集解》引崔覲曰：「欲明六子，故先說乾稱天父，坤稱地母。」李鼎祚疏曰：「乾天，陽也，人之所資始者也，故為父。坤地，陰也，人之所資生者，故稱母。」〔註74〕可知乾坤兩卦為六子陰陽的變化之本。此外，《繫辭下傳》亦言：「子曰：『乾坤其易之門邪？乾，陽物也；坤，陰物也。陰陽合德，而剛柔有體，以體天地之撰。』」《筮法》中將乾坤獨立於四時之外，並在〈享〉、〈貞丈夫

〔註71〕李學勤主編：《清華大學藏戰國竹簡（肆）》，頁83。

〔註72〕【魏】王弼、韓康伯注、【唐】孔穎達等正義：《周易正義》，頁168。

〔註73〕【魏】王弼、韓康伯注、【唐】孔穎達等正義：《周易正義》，頁185。

〔註74〕【唐】李鼎祚：《周易集解》，頁1015。

女子〉中稱「純吉」、「純牝」、「純牡」很有可能就是這種思想的體現，顯現出乾坤兩卦的特殊性。因此可推測陰陽為乾坤二卦的代稱。

二、《筮法》所見的特殊卦象

此處所謂的特殊卦象，係指在《筮法》特有的四位卦框架下，由卦本身的象結合特定的卦位而形成獨有的卦象，大多不見於其它易類文獻中，在此一一列舉筮例說明。

（一）昭 穆

出 處	卦 畫	占 辭	簡 序
〈見〉3		凡見大人，昭穆，見。	5-6
上卦為少男艮、中女羅（離），下卦為乾坤父母卦，上下分屬兩個世代，故曰「昭穆」。			
〈咎〉1		凡咎，見述日，妻夫，昭穆，上毀，無咎。	7-9
上卦為長女巽、中女羅（離），下卦為乾坤父母卦，上下分屬兩個世代，故曰「昭穆」。			

「昭穆」一詞多見於傳世典籍之中，如《周禮‧春官‧宗伯》云：「辨廟祧之昭穆。」鄭玄注云：「自始祖之後，父曰昭，子曰穆。」〔註75〕又如《禮記‧祭統》：「夫祭有昭穆，昭穆者，所以別父子、遠近、長幼、親疏之序而無亂也。」〔註76〕故整理小組言「昭穆」指宗法上的兩個世代。〔註77〕季旭昇認為這兩則筮例的兩上卦皆為子女卦，兩下卦皆為父母卦，形成兩代分列上下卦的卦象，故稱為「昭穆」。此外，季旭昇又從《春秋繁露‧三代改制質文》：「婦從夫為昭穆。」一語，推測坤母從於乾父為同一個世代，巽、離、兌三女卦從於震、坎、艮三男卦為同一個世代。惟這兩則筮例都是兩上卦為子女卦，兩下卦為父

〔註75〕【漢】鄭玄注，【唐】賈公彥疏：《周禮注疏》，頁 290。
〔註76〕【漢】鄭玄注，【唐】孔穎達等正義：《禮記正義》，頁 836。
〔註77〕李學勤主編：《清華大學藏戰國竹簡（肆）》，頁 91。

母卦，未知若只有一邊的上下卦出現兩個世代時是否可以稱為昭穆。〔註78〕

　　季旭昇之說當是，如〈咎〉節筮例的兩上卦皆為女卦而無男卦，說明「昭穆」卦象並不要求一男一女，只要上、下卦分屬兩個不同的世代即可。至於只有單邊卦象出現上下兩個世代是否構成昭穆的問題，其實《筮法》有相當多的筮例都符合這個條件，但無一用「昭穆」來判斷筮占結果。且《筮法》扣除這兩則筮例以外的 55 則筮例，也無一是上下卦分屬兩個世代者，顯現這種卦象具有獨特性，推測昭穆應當要左右兩卦合觀才成立。此外，這兩則筮例都是父母卦在下，子女卦在上。若是父母卦在上，子女卦在下是否也構成「昭穆」卦象，《筮法》並沒有實例，故未知這種狀況是否也符合「昭穆」。

　　另外，在古代的祭禮之中，通常左稱昭而右稱穆，如《淮南子‧人間訓》：「公宣子複見曰：『左昭而右穆，為大室以臨二先君之廟，得無害於子乎？』」〔註79〕但《筮法》中有 1 例父母卦在左而子女卦在右，以及 3 則父母卦在右而子女卦在左的筮例，但這 4 則筮例皆未言「昭穆」，如下所列：

出　處	卦　畫	占　辭	簡　序
〈死生〉1		六虛，其病哭死。	1-2
〈得〉8		春見八，乃亦得。	16-17
〈至〉2		其餘，易向，乃亦至。當日，不易向，聞問不至。	11-13
〈小得〉4		邦去政已，於公利分／貧。	30-31

〔註78〕季旭昇：〈清華簡《筮法》昭穆淺議〉，復旦大學簡帛網，網址：http://www.fdgwz.org.cn/Web/Show/2261（2014 年 5 月 2 日）。

〔註79〕何寧：《淮南子集釋》，頁 1303。

從這 4 則筮例的經卦組成來看，〈至〉節例 2 剛好符合「左昭右穆」的現象，但占辭中並未出現昭穆。而其餘 3 例都是父母卦在右，子女卦在左。其中〈死生〉例 1 出現了兩乾卦而非一乾卦一坤卦，但從六子卦不要求一男一女的現象來看，父母卦很有可能也是如此。而鑒於這 4 則筮例都沒有昭穆卦象，或可推測父母、六子分列左右時並不構成昭穆卦象。當然，這 4 則筮例不用昭穆卦象的原因，也有可能是受到命辭或是筮占對象的影響，而優先選用了不同的解卦原則，但從現有的材料來看，只能確定當父母卦在下而子女卦在上時，會構成「昭穆」卦象。

（二）上毀

出　處	卦　畫	占　辭	簡　序
〈咎〉1		凡咎，見述日，妻夫，昭穆，上毀，無咎。	7-9
上卦為巽長女、羅（離）中女，兩女卦相對。			
〈瘳〉1		凡瘳，見述日、上毀，瘳。	10-11
上卦為兌少女、巽長女，兩女卦相對。			

整理小組認為「上毀」指上卦出現「男女不能匹配」之象。〔註80〕謝炳軍認為是指「上卦去除惡爻」，但又在註解中提到此指去除對卦的上卦，以對卦的下卦重新組合成卦體為占。〔註81〕李宛庭則認為是指上卦出現兩女卦相對。〔註82〕「上毀」一詞不似「昭穆」，於傳世文獻中未見。而《周易》經傳中，僅《說卦傳》提到兌卦有「毀折」的卦象。〔註83〕這兩則筮例中僅有〈瘳〉節右上為兌卦，〈咎〉節則無，可推測「上毀」之「毀」與兌卦無關，說明「上毀」的具體所指並無法在傳世文獻中得到引證，因此目前對於「上毀」卦象的推測，皆只能以《筮法》為基礎。

〔註80〕李學勤主編：《清華大學藏戰國竹簡（肆）》，頁 93。
〔註81〕謝炳軍：〈清華簡《筮法》理論性與體系性新探〉，頁 53～54。
〔註82〕李宛庭：《清華大學藏戰國竹簡（肆）‧筮法研究》，頁 178。
〔註83〕【魏】王弼、韓康伯注、【唐】孔穎達等正義：《周易正義》，頁 186。

由於《筮法》其他筮例的「上」字皆指上卦，故目前學界大多認為這個卦象與上卦有關。從三位學者的觀點來看，李宛庭的說法較為精確一些。整理小組認為從這兩則筮例來看，〈咎〉節上卦為巽長女、羅（離）中女；〈瘳〉節上卦為兌少女，巽長女，皆為男女不能相對之象。然而，「男女不能相對」實際上包含很多組合。《筮法》中的卦象「妻夫」，必須要左右卦出現位階相對的男、女卦才能稱為「妻夫」。也就是說若左右卦出現一男一女但位階不相對的卦，也是一種「不能相對」。除此之外，兩男卦同時出現，也是「男女不能相對之象」。因此，李宛庭從這兩則筮例都出現兩女卦在上卦相對的情況，推測「上毀」指巽、羅（離）、兌三女卦在上卦出現其中兩者的觀點較為合理。只不過由於《筮法》中的「上毀」卦象並沒有出現坤，也沒有出現兩男卦的案例，故未知當出現兩男卦相對，或兩坤／兩乾相對時是否也構成「上毀」。

除了這兩則筮例外，〈死生〉例 4、6、〈得〉例 2、〈雨霽〉例 2，[註84] 也都出現上卦為兩個不同的女卦，但這些筮例都不以「上毀」為占。或許如前所述，《筮法》選擇占斷吉凶的解卦法有其優先順序，上述四則筮例中，〈死生〉皆以「三兌同吉」來判斷筮占結果，〈得〉節則是以「三右同左」來判斷。而出現「上毀」的這兩則筮例中，由於兩例都出現了乾卦或坤卦，無法如〈死生〉節以〈四季吉凶〉的規律來判斷吉凶。而將兩例都轉換為左、右後都是二左二右，也不符合「三左同右」或「三右同左」的卦象。就此來看，《筮法》選擇解卦法可能有其優先順序，所以這三例雖然都符合了李宛庭所說「出現巽、羅（離）、兌其中兩卦」的卦象，但卻不以之為占。還有另外一種可能是，命辭或筮占對象影響了解卦法的選擇，從〈果〉節「大事、中事、小事、外事、內事」選擇不同的解卦手段就可以很明確的了解，不同性質的命辭確實有其優先考慮的解卦手段。而從〈貞丈夫女子〉、〈死生〉、〈見〉節的占辭中，也可以見到筮占對象對於解卦手段選擇的影響，故其餘筮例雖然出現了符合「上毀」卦象，但不用之解卦的原因可能在此。

至於謝炳軍之說較為混亂，其先於本文提到：

> 上毀之義，參照《爻象》及《筮法》相關小節，或可釋讀為「上卦去除了惡爻。」[註85]

〔註84〕這四例的上卦由右至左分別為〈死生〉例 4：兌、羅（離）；〈死生〉例 6：兌、羅（離）；〈得〉例 2：羅（離）、巽；〈雨霽〉例 2：兌、巽。

〔註85〕謝炳軍：〈清華簡《筮法》理論性與體系性新探〉，頁 53。

但在下文的註釋中又說：

> 理解《筮法》第九節、第十節的關鍵在於如何解釋「上毀」一詞，
> 根據兩節文意，筆者認為「上毀」之意即為刪削「對卦」上卦，最
> 後以兩個三畫數字卦組成新的卦體再斷筮。〔註86〕

其中「上卦去除了惡爻」與「刪削對卦的上卦」是兩種不同的概念。前者與爻
有關，後者則與卦有關，謝炳軍並未說明何者為確，或許是並存兩說，但兩
說都有令人未安的地方。關於前者，其用新蔡簡的筮例加以說明：

> 「蘇以尨為君及歲之貞，尚毋有咎。占曰：兆亡咎，君將喪職，又
>
> 火戒，又外□／□／□。〓〓……其繇曰：大言絕絕，若組若結，
>
> □／□□是以謂之又言。其兆亡咎，□／□／白文末白□，是以謂
> 之喪職，駁雷遇□□□以火□□／。」上例右卦坎卦末爻為八，左
> 卦羅（離）末爻為九，兩數字爻對占筮結果影響甚深。依解筮例，
> 可見「火戒」乃就勞（坎）卦而言。〈爻象〉云：「九象為戒備。」
> 羅（離）末爻為九，是以戒備。勞（坎）卦於《筮法》為火象，故
> 有數字爻「九」之羅（離）卦有「火戒」之意。……此外，數字爻
> 八，葛陵簡占例繇辭與《筮法》爻象亦有對應之處，「大言絕絕」與
> 言語對應，正是《爻象》所言「八為言」。〔註87〕

事實上，謝炳軍並未說明「去除上卦惡爻」的具體所指為何。按照其邏輯，
「火戒」應指火卦出現具有戒備意義的筮數九。但實際上新蔡簡出現九爻者
並非右上的勞（坎）卦，而是左下的羅（離）卦，其前說「火戒乃就勞（坎）
卦而言」後述又說「有數字爻『九』之羅（離）卦有『火戒』之意」，說明不
甚清晰。且羅（離）卦在下卦，似乎也與「上毀」無關。若從「去除了惡爻」
的表面意義來看，或許指原本上卦出現了惡爻，而後去除了這些惡爻以︿、
一代之。但這種解釋實際上有一個問題，〈咎〉、〈瘳〉兩節的上卦都沒有出
現四、五、八、九，加上《筮法》也沒有將四、五、八、九替換成︿、一
的案例，要如何確定〈咎〉、〈瘳〉兩節的筮數經過汰換呢？因此將「上毀」解
釋成「去除上卦的惡爻」就目前的材料看難以解釋得通。

　　其次關於後者，刪減對卦卦體為占的解卦法在《筮法》中確實存在，如

〔註86〕謝炳軍：〈清華簡《筮法》理論性與體系性新探〉，頁54。
〔註87〕謝炳軍：〈清華簡《筮法》理論性與體系性新探〉，頁53。

上述提到的〈男女〉節「上去二，下去一」的筮例就是一個例子。謝炳軍所說的「獨立卦體」應是指將兩者疊加起來成為一個新的六爻卦。因為如果刪除卦體後不作疊加的話，事實上所謂的「刪除上卦」就是以下卦為占，既然如此那是否刪除上卦似乎於筮占斷例沒有什麼影響。因此這個「新的卦體」應是指重新疊加組成的六爻卦。

　　然而，〈男女〉節的筮例在「上去二、下去一」之後，並沒有將刪減過後的左右兩卦疊起來成為一個獨立卦體，且《筮法》也不見這種疊加四位卦中的兩卦再形成一個新卦體的解卦原則。因此這個論點實際上並得不到《筮法》文本的支持。再深入一點來談，兩卦該怎麼疊加也是一個不好解決的問題。如第一章關於成卦法的回顧所言，《筮法》並沒有記載詳細的成卦法。因此，《筮法》如何成卦？從哪一爻開始書寫？成卦順序為何？都是目前難解的謎團。誠如王化平所言：「先後占得的四個單卦依怎樣的順序放入『四位』，《筮法》並無說明。若依照簡冊的書寫順序推測，可能第一個卦位於右上，第二個卦則是右下，然後是左邊兩個卦。在書寫卦象時，是從上開始，還是從下開始，現在不得而知。」〔註88〕如果單從《筮法》由右上至左下的閱讀順序來看，那麼卦體的疊加應以右卦為上，左卦為下。但倘若按照《周易》的成卦法來看，那麼應為右卦在下，左卦在上。就此來看，卦體疊加的理論有諸多不確定性，也沒有太多證據可以證明孰是孰非。

　　綜上所論，李宛庭之說無疑是較為精確的，只是為何以「毀」來稱呼這種卦象目前甚為難解。

（三）邦去政已

　　此卦象《筮法》僅見一例於〈小得〉節：

出　處	卦　畫	占　辭	簡　序
〈小得〉4		邦去政已，於公利分／貧。	30-31

如第二章〈小得〉節的文字校理所論，從占辭的位置來看，「邦去政已」應是卦象而非筮占結果。其具體所指目前存有兩說，一是如整理小組所言指「陽

〔註88〕王化平、周燕：《萬物皆有數：數字卦與先秦易筮研究》，頁175。

卦在陰卦之下，失位故言失政。」〔註89〕二是如子居所言指「卦象不符合昭穆」，〔註90〕由長幼失序影射邦國失政。由於兩說皆有其理，《筮法》也沒有其它相關筮例能夠證明孰正孰誤，故皆暫作保留，但從「邦去政已」的文意及其筮占結果來看，當可確定此為不吉之象。

（四）妻 夫

出 處	卦 畫	占 辭	簡 序
〈死生〉7		筮死妻者，相見在上，乃曰死。	15-17
右上為震長男、左上為巽長女相對，有「妻夫」之象。			
〈死生〉9		筮死夫者，相見在上，乃曰死。	21-23
右上為勞（坎）中男，左上為羅（離）中女相對，亦有「妻夫」之象。			
〈得〉1		妻夫同人，乃得。	1-2
右上為乾父、左上為坤母相對，故曰「妻夫」。			
〈讎〉1		凡售，三男同女，女在臥上，妻夫相見，售。	18-20
右上為艮少男、左上為兌少女相對，故曰「妻夫」。			
〈咎〉1		凡咎，見述日、妻夫、昭穆、上毀，亡咎。	7-9
右下為乾父，左下為坤母相對，故曰「妻夫」。			

〔註89〕李學勤主編：《清華大學藏戰國竹簡（肆）》，頁101。
〔註90〕子居：〈清華簡《筮法》解析（修訂稿上）〉，頁26。

此卦象《筮法》共見五例，其中〈死生〉兩例占辭雖然沒有寫出「妻夫」兩字，但從卦象組成來看，占辭中的相見應當都是指「妻夫」相見無誤。而從這五則筮例來看，「妻夫」卦象必須是「長幼順序相同的男女卦同時在上卦或下卦出現」才得以成立。李宛庭注意到〈得〉、〈雠〉、〈咎〉三例的「妻夫」卦象皆是男卦在右，女卦在左，因此未知男卦在左，女卦在右是否也符合「妻夫」卦象，〔註91〕〈死生〉節兩例亦是如此。這五則筮例中，〈死生〉節的筮占結果為凶，〈得〉、〈雠〉、〈咎〉為吉，顯現「妻夫」卦象本身的吉凶判定，仍會受到命辭與筮占對象所影響。

（五）人

此卦象僅見一例於〈得〉節：

出　處	卦　畫	占　辭	簡　序
〈得〉1		妻夫同人，乃得。	1-2

關於這個卦象，由於沒有其它筮例可供參對，故其具體所指眾說紛紜。整理小組認為右上的乾與右下、左上的坤都可以構成「妻夫」之象，其乾卦之妻皆為坤，故曰「同人」。〔註92〕季旭昇則稍微修正了整理者的觀點，認為「同」應訓為「共同」，指兩妻卦共用了右上乾卦。〔註93〕子居則以「左下卦有特殊地位」的觀點為前提，認為「人」應指左下的巽卦。〔註94〕李宛庭認為從《筮法》其餘出現「妻夫」卦象的筮例來看，這裡的「妻夫」應指右上的乾與左上的坤，並不包含右下的坤卦。就此來看，「人」應指下卦坤、巽相對的卦象，但為何這個組合被稱為「人」，由於筮例過少目前尚難以推知。〔註95〕

綜合各家的說法，李宛庭之說或許較為正確。首先，從上文所列的「妻夫」卦象來看，「妻夫」都是指左右同時出現長幼順序相應的男、女卦。就此來看，整理小組「象妻者同為坤卦」的說法不確。因為必須要長幼順序相同才可構成「妻夫」卦象，也就是說乾卦要構成「妻夫」卦象，其妻必然是坤。

〔註91〕李宛庭：《清華大學藏戰國竹簡（肆）·筮法研究》，頁176。
〔註92〕李學勤主編：《清華大學藏戰國竹簡（肆）》，頁81。
〔註93〕季旭昇主編：《清華大學藏戰國竹簡（肆）讀本》，頁18。
〔註94〕子居：〈清華簡《筮法》解析（修訂稿上）〉，頁20。
〔註95〕李宛庭：《清華大學藏戰國竹簡（肆）·筮法研究》，頁60。

至於季旭昇之說，事實上，季旭昇還根據其說解，推測〈小得〉節例 1、2 也是用「妻夫同人」的卦象占斷，只是在這兩則筮例中不稱「妻夫同人」，而是稱為「小得」。〈小得〉節例 1、2 如下：

出　　處	卦　　畫	占　　辭	簡　　序
〈小得〉1		凡小得，乃得之。	24-25
〈小得〉2		凡小得，乃得之。	26-27

從卦畫來看，兩例的右下、左上皆是羅（離）卦，右上皆為勞（坎）卦，其長幼之序相同故為「妻夫」卦象，而右下、左上的羅（離）卦皆共用右上的勞（坎）卦。只是和〈得〉節例 1 相比，乾、坤為父母，勞（坎）、羅（離）為子女，較於〈得〉節要小，故稱為「小得」。也就是說，此處的「小得」同時具有命辭與卦象的雙重意義。〔註 96〕然而，這個說法存在幾個問題。其一、按照其邏輯，若「小得」是一種卦象，那麼這個卦象是相對於「得」而言的。若此，為何〈得〉節「妻夫同人」的卦象不稱為「得」呢？其二、《筮法》中並沒有命辭同時具備解卦的概念，故此處的「小得」是否具有雙重意義可疑。其三、如上所述，「妻夫」卦象目前皆只見用來指稱左右並列者，未見分列上下者稱為「妻夫」。其四、《筮法》「A 同 B」卦象之「同」皆未作「共同」解，而是作「會遇」解，指 A 卦象遇到 B 卦象。也就是說，「妻夫同人」應是指「妻夫」卦象遇到「人」這個卦象，而非指「妻夫」卦象的狀態。其五、這種解釋仍存在將〈小得〉例 1、例 2 皆解讀為「三女同男」的問題，《筮法》作為一部列舉式例筮書，為何在〈小得〉節中要列出兩則解卦原則相同的筮例？就這 5 點來看，季旭昇之說似乎還值得商榷。而子居以左下卦為特殊卦的說法前已辨析，應當不確。因此，「人」這個卦象較有可能如李宛庭所說指下卦坤、巽相對，只是尚不能得知這個卦象為何被稱為「人」。

〔註 96〕季旭昇主編：《清華大學藏戰國竹簡（肆）讀本》，頁 60。

（六）兀

此卦象僅見一例於〈死生〉節：

出　　處	卦　　畫	占　　辭	簡　序
〈死生〉8		筮疾者，一卦兀之，乃曰將死。	18-20

從第二章的論述可知「兀」目前有兩種解釋，一是如黃杰之說訓為「經過」，此筮例艮卦分居右上、左下，按照《筮法》的閱讀順序，右上為首、左下為尾，故此卦象為艮卦經過、貫通四位卦的首尾。二是如整理者所說訓為遮蔽，指處於對角的兩艮卦阻隔了乾、坤兩卦。

此外，從該筮例來看，當可確定此「一卦」乃是指位於對角的艮卦無疑。但〈得〉例7、〈讎〉例2也都出現了同一經卦佔據右上、左下的現象，但兩例皆不以「一卦兀之」為占。造成這種現象的原因，也可能如上文所言，是受到了與命辭或筮占對象的影響，尤其〈死生〉節的筮例特別點明了「筮疾者」，推測可能與此有關。

第三節　《筮法》爻象類解卦原則

除了卦象之外，爻象也是《筮法》重要的解卦手段之一，《筮法》共有四、五、六、一（七）、八、九6個數字爻，其中四、五、八、九有〈爻象〉一節各列其象。而六、一（七）兩數雖然不見於〈爻象〉中，但根據簡文，這兩個數也有一定的筮占意義。

此外，《筮法》的爻象也有兩個層次，其一是爻本身的象，其二則是由爻位或不同筮數所構成的特殊爻象。以下將就這兩個層面略論《筮法》中與爻有關的解卦原則。

一、爻本身的象

由於六、一（七）與四、五、八、九的性質有所區別，故在此分而論之。

（一）六與一（七）

目前學界多認為六、一（七）兩爻代表了陰、陽爻的概念，其原因有三，

其一為六、一（七）在《筮法》前半部筮例的出現頻率，遠遠超過了四、五、八、九。《筮法》一共紀錄了 57 則對卦，總計 684 爻，其中六、一（七）合計就佔了 631 爻，四、五、八、九一共才佔了 53 爻，尚不足六、一（七）的十分之一，如下表所示：

【表 3-2】《筮法》筮數頻率統計表

數　字	四	五	六	七	八	九
出現次數	7	13	323	308	10	23
比重〔註97〕	1%	1.9%	47.2%	45%	1.5%	3.4%

從上表可見六、一（七）兩數占了所有爻位的 92.2%，其餘筮數一共才佔 7.8%，比例相當懸殊，說明六、一（七）兩數具有普遍性。接著，〈爻象〉節並沒有記載六、一（七）兩數的爻象，凸顯出六、一（七）兩數與四、五、八、九的區別。另外，《筮法》中的〈卦位人身圖〉、〈天干與卦〉以及同收錄於《清華四》的《別卦》等非實占案例的篇章，記卦符號皆以 ∧、一 構成。綜合來看，六、一（七）代表了陰陽符號的概念應是無庸置疑。

事實上，廖名春更藉由筮數比例差距過大進而提出了一種假設——六、一（七）兩數在筮法中已作為陰陽爻使用，四、五、八、九只有在特殊的狀況下才會寫出原數，在一般的狀況下則轉寫成六、一（七）兩數。〔註98〕引起了學界「筮數轉寫」的討論。

關於這個問題，學界大致分成兩派，一派贊同廖名春的筮數轉寫說，認為《筮法》將大部份的四、五、八、九轉換成六、一（七）書寫，僅有少部份的數字如實寫出，如賴少偉、雪苗青皆有類似的觀點。〔註99〕一派則認為筮數並沒有經過轉寫，如王化平、李尚信等學者皆持此論。〔註100〕

從《筮法》的內容來看，筮數沒有經過轉寫的可能性較大。首先，廖名

〔註97〕四捨五入至小數後一位。
〔註98〕廖名春：〈清華簡《筮法》與《說卦傳》〉，頁 70。
〔註99〕雪苗青：〈清華簡《筮法》諸例卦皆數字卦嗎？發現反例——與李學勤、廖名春等先生商榷〉，頁 69～71。賴少偉：〈戰國楚簡數字卦與筮法〉，收錄於謝維陽、趙爭主編：《出土文獻與古書成書問題研究》，上海：中西書局，2015 年 11 月，頁 11。
〔註100〕李尚信：〈論清華簡《筮法》的筮數系統及其相關問題〉，頁 9。王化平、周燕：《萬物皆有數：數字卦與先秦易筮研究》，頁 185。

春認為筮數有轉寫的最大原因，在於筮數間的筮得機率不應該有這麼大的差距。對此，李尚信指出就算是今人所熟知的大衍筮法，其六、七、八、九四個數的筮得機率也不是相等的，其引用董光璧的推算，六、七、八、九的筮得機率如下：

【表3-3】大衍筮法筮數筮得概率表

六（老陰）	七（少陽）	八（少陰）	九（老陽）
1/16	5/16	7/16	3/16

其中，八的筮得機率是六的七倍，可見就算成卦法不同，各筮數的筮得概率還是會有不一致的現象。〔註101〕雖然《筮法》筮數間的比例差距更加懸殊，但根據本文第一章關於成卦法的研究回顧，可知這種能筮得數字四至九，且六、一（七）兩數的比例高出四、五、八、九許多的成卦法在理論上是存在的，顯現筮數比例差距懸殊並不能作為筮數轉寫的鐵證。再者，〈地支與爻〉將「寅申七」寫成了「寅申一」，也說明了「一」並不能用來代替「五」和「九」，如果「一」能代替「五」、「九」，那麼〈地支與爻〉就應該寫「寅申七」以避免混淆。

另外，子居注意到《筮法》「四、五、八、九」在筮例中不一定有特殊的占斷意義。〔註102〕如以下這些筮例：

出　處	卦　畫	占　辭	簡　序
〈得〉4		三男同女，乃得。	7-8
〈貞丈夫女子〉1		凡貞丈夫，月夕乾之萃，乃純吉，無春夏秋冬。	24-31

〔註101〕李尚信：〈論清華簡《筮法》的筮數系統及其相關問題〉，頁9。
〔註102〕子居：〈清華簡《筮法》解析（修訂稿上）〉，頁20。

〈貞丈夫女子〉2			
〈貞丈夫女子〉3			
〈貞丈夫女子〉4			
〈貞丈夫女子〉8		凡貞女子，月朝坤之萃，乃純吉，無春夏秋冬。	卦畫：30-31 占辭：24-31
〈小得〉3		三同一，乃得之。	28-29

從這些筮例的占辭來看，四、五、八、九都與筮占結果無關。〔註103〕如果按照廖名春「在特殊狀況下才將四、五、八、九照樣寫出」的觀點操作，這些筮例應將四、五、八、九轉寫成六、一（七）才是，但這些筮例仍將四、五、八、九如實寫出，可見「特殊狀況下轉寫」的說法不確。

最後，〈祟〉節的乾、坤兩祟都用一種名為「純」的爻象來判斷作祟者：

> 乾祟，純五滅宗。九乃山。清乃父之不葬死。暮純乃室中，乃父。
> 【43】

> 坤祟，門、行。純乃母。八乃俘以死，乃西祭。四乃繼者。【44】

整理小組認為「純」指僅以「一」構成的乾卦或僅以「六」構成的坤卦，〔註104〕

〔註103〕〈貞丈夫女子〉節的五、六、七三則筮例皆無四、五、八、九出現，顯現此處的筮占結果僅與坤卦的吉凶有關，與爻無涉。

〔註104〕關於乾祟中「純五滅宗」的斷讀，學者們有不同的觀點，整理小組、子居、王化平等學者都讀為「純、五滅宗」，指出現全由「一」構成的乾卦與出現筮數五的乾卦兩種卦象。而暮四郎認為整理小組將純、五斷讀不確，因為

證明六、一（七）在實際的筮占活動中仍有其作用。〔註105〕

綜上所述，可知六、一（七）在《筮法》中除了代表陰陽爻外，還具有一定的實占意義，由此也可推測《筮法》沒有筮數轉寫的現象。

（二）四、五、八、九

如上所述，四、五、八、九的筮得機率較低，可能也因為這個原因，使其具有豐富的爻象。《筮法》中共有兩處簡文明確提到了四、五、八、九所代表爻象，其一是〈爻象〉節列舉的各爻爻象，其形式與《說卦傳》第十一章相似，所列之象眾多紛雜且未說明成象來源，唯從其所列的爻象配合〈祟〉節筮數與作祟者的關係，仍可找到若干成象的蛛絲馬跡。其二則是〈得〉節例8-11分別以「春見八」、「夏見五」、「秋見九」、「冬見四」為占，顯現四、五、八、九與四季有所對應。

然而，〈爻象〉所列諸象在《筮法》的筮例中並沒有見到運用實例，僅有四處簡文略提了四、五、八、九對筮占的影響，一是〈爻象〉節一段單獨抄於簡60簡文：「凡爻，如大如小，作於上，外有咎；作於下，內有咎；上下皆作，邦有兵命、薦饑、風雨、日月有差。」二是〈死生〉節例5、6將卦畫中出現的五、九稱為「惡爻」。三是〈果〉節「如卦如爻，上下同狀，果」的占辭。四是〈祟〉節以筮數判斷作祟者。

四、五、八、九的爻象理論有三個需要釐清的問題：其一、〈爻象〉節四、

以筮數的機率來看，全由「一」構成的乾卦太容易出現，考慮到滅宗的嚴重性，暮四郎認為應讀為「純五」為佳，指全數由「五」構成的乾卦。但筆者認為從同為乾祟的「暮純」以及坤祟的「純乃母」來看，「純」應是一種獨立的卦象，且〈祟〉節也常見以四、五、八、九單獨代表不同的祟，故整理小組將「純、五」分開斷讀為確。此外，暮四郎說全由「一」構成的乾卦太容易出現的問題。筆者認為應如子居所言，〈祟〉節的內容本就限定於占筮鬼神這種特定的狀況，也就是說用到〈祟〉節內容的前提，皆是為了得知作祟者為何，並不是所有筮例都需要占祟，自然也不會有出現機率太高的疑慮。李學勤主編：《清華大學藏戰國竹簡（肆）》，頁115。子居：〈清華簡《筮法》解析（修訂稿下）〉，頁66。王化平、周燕：《萬物皆有數：數字卦與先秦易筮研究》，頁168。暮四郎：〈初讀清華簡（四）筆記〉，簡帛論壇，第6樓，2014年1月，網址：http://www.bsm.org.cn/forum/forum.php?mod=viewthread&tid=3155&extra=page%3D1&page=1。李學勤主編：《清華大學藏戰國竹簡（肆）》，頁115。

〔註105〕雖然「五五五」、「九九九」、「四四四」、「八八八」也是由同一筮數構成，但由於乾、坤兩祟都有特別註明五／九、四／八爻出現時的作祟者，故「純」基本上能排除全由四、五、八、九之一組成的爻象。

五、八、九 4 個爻象的成象緣由。其二、四、五、八、九與四季的對應關係。其三、四、五、八、九於實際筮占中的意義及其影響。以下將就這三個問題分別討論之。

1.〈爻象〉節各爻象的成象緣由

由於《筮法》並沒有說明〈爻象〉的成象緣由，再加上沒有傳世底本可供參照。使得這個問題目前僅能從〈爻象〉節所列諸象求索。簡文羅列如下：

八為風，為水，為言，為飛鳥，為瘇脹，為魚，為權通，在上為甌／匋，下為汏。【52-53】

五象為天，為日，為貴人，為兵，為血，為車，為方，為憂、懼，為飢。【54-55】

九象為大獸，為木，為備戒，為首，為足，為蛇，為曲，為珌，為弓、琥、璜。【56-57】

四之象為地，為圜，為鼓，為聰，為環，為瘇，為雪，為露，為霰。【58-59】

以目前的研究現況來看，學界大致認為《筮法》爻象的得象來源有三，其一是得自於數字的字形；其二是得自於數字的奇偶陰陽性質；其三是將之與八卦連結。

（1）得自於數字字形

有些學者認為部份爻象的得象來源很有可能與四、五、八、九的字形有關，如侯乃峰所言：

古文字中的數字「八」與「風」之聲符「凡」的寫法有類似之處；……鳥飛行時兩翅張開，正象「八」字，因鳥栖止時翅膀收斂，所以簡文只能說為「飛鳥」，而不說「鳥」；……魚胸腹部的鰭大都對稱，呈現的形狀與「八」相似。

將古文字中的數字 ✕（五）四個端點連成線，可得與類似之形，故「為方」；又車與與此形類似，故又「為車」。由此推知，最後的（五）為誤，整理者讀「誤」為「飢」恐不可從。古文字中「癸」字寫作 ✕、✕、✕、✕ 形，正與數字「✕（五）」寫法極為相似……。

古文字中的「九」寫作 乙、乙、乙，為「肘」之象形，《說文》云：「象其屈曲究盡之形」，故「為它（蛇）」、「為曲」、「為弓、琥、璜，

所取之爻象皆與屈曲之形近似。

古文字中的「四」寫作 ⊕、四、◌、双，在《筮法》篇作為爻數時寫作 ◌、◖，呈半圓形或近似橢圓之形，故「四」之象「為圓」、「為鼓」、「為環」、「為露」、「為霰」，所取皆為圓形或近似圓形之象。由此可以推知，整理者將「（四）為耳」讀為「為珥」似不可信。據上文「為足」類推，此處「耳」當是指耳朵，且耳朵的形狀與古文字中的「四」字形尤其近似。〔註106〕

王化平也有相同的觀點，認為以九象木、蛇、曲、玦（珌），當與「九」字形蜷曲有關。而以四象圓、鼓、珥（聰）、環，則是因為數字四的字形與圓形相似之故。〔註107〕

唯蔡飛舟認為此說僅能解釋一部份的爻象，並以「八為飢（匜／匎）」為例，此字從「九」卻被歸類在「八」象之下反駁此說，認為字形並非〈爻象〉諸象的得象本源。〔註108〕

筆者認為爻象成象與數字字形有關的觀點可從，蔡飛舟反駁此說的論點主要有二，其一是認為爻象的取象應有其「通則」，數字字形並不能用來解釋所有爻象的成象。二是其舉出了反例來證明此說為非。關於第一點，雖然有些爻象可以加以聯繫，如筮數八的水與魚，魚為水產；筮數五的兵、車與血、憂、懼，兵可指兵器或士兵，車也可以指作戰用的戰車，而戰事流血，進而產生憂懼之情；筮數九的曲、弓、蛇、木、琥、璜皆有彎曲之象；筮數四的圓、鼓、環皆圓，但並不是所有象都能如此。也就是說單就〈爻象〉的內容，很難看出其成象有何通則。蔡飛舟雖然將八卦兩兩配以四、五、八、九，嘗試以「四方之卦」的概念作為〈爻象〉諸象的成象通則，但其說仍有一些可疑之處。

再者，由於《筮法》沒有相關的說解，目前也不能排除這些爻象有不同的成象來源，故不能以數字字形不能解釋所有爻象而否定其可能性。至於其所說的反例，也僅可反駁由字形聯想字形的觀點。侯乃峰的字形聯想說其實有兩個層次，一是字形與物象的聯想，如八與飛鳥、五與方、九與木、蛇、曲、弓、琥、璜、四與圓、鼓、環等象。二是字形與字形間的聯想，如八與

〔註106〕侯乃峰：〈釋清華簡《筮法》的幾處文字與卦爻取象〉，頁21～22。
〔註107〕王化平、周燕：《萬物皆有數：數字卦與先秦易筮研究》，頁190～191。
〔註108〕蔡飛舟：〈清華簡《筮法·爻象》芻論〉，頁34。

風、五與祟。蔡飛舟所舉「飢從九卻歸類於筮數八」的反例，只能說明侯乃峰以數字五聯想癸，以八聯想到凡再聯想到風的說法為非，卻無法拿來反駁前者。如王化平就引帛書〈衷〉篇「易之義誶陰與陽，六畫而成章。曲句焉柔，正直焉剛。」這一段話，〔註109〕其中柔指陰爻，同時也是陰爻之性；剛指陽爻，同時也是陽爻之性，《說卦傳》云：「立天之道曰陰與陽，立地之道曰柔與剛，立人之道曰仁與義。」〔註110〕此處說明剛、柔、仁、義亦為陰、陽的特質。而曲句、正直都可以視為是對卦畫形體的描述，可見「曲句焉柔，正直焉剛」除了說明陰陽爻的形體外，同時還透過形體連結了陰陽剛柔的性質，因此透過爻的形體連結物象確實有例可徵。考慮到〈爻象〉節中確實有多個物象與各自的字形有相近之處，尤其是四、九兩數，故透過爻形進而聯想物象的觀點應是一種可能的成象來源。

（2）得自於數字奇偶

除了數字字形之外，亦有學者認為爻象的得象可能與數字的奇偶陰陽有關，如陳睿宏提到五、九兩陽爻的爻象，似乎較有剛健肅殺的性質；八、四兩陰爻則較有陰柔的性質，推測爻象的成象應是透過爻的陰陽之性推衍而來。〔註111〕此外，劉震將〈爻象〉與《說卦傳》中重合的卦、爻象進行對比，指出《筮法》的爻象或可用「陰陽」理解，茲引其整理的表格如下：〔註112〕

【表3-4】爻象與八卦卦象、陰陽屬性對照表

物　象	對應清華簡數字	數字所代表的爻	對應《說卦》卦象
風	八	陰爻	巽
水	八	陰爻	坎
天	五	陽爻	乾
日	五	陽爻	離
血	五	陽爻	坎
兵	五	陽爻	離
憂	五	陽爻	坎

〔註109〕王化平、周燕：《萬物皆有數：數字卦與先秦易筮研究》，頁191。
〔註110〕【魏】王弼、韓康伯注、【唐】孔穎達等正義：《周易正義》，頁183。
〔註111〕陳睿宏：〈清華大學藏戰國竹簡《筮法》論譚〉，頁201。
〔註112〕筆者比對〈爻象〉及《說卦傳》後，在劉震所整理的表格上增補了兵、憂、弓、圓四象。

木	九	陽爻	巽
首	九	陽爻	乾
足	九	陽爻	震
弓	九	陽爻	坎
地	四	陰爻	坤
圓	四	陰爻	乾
耳（聰）	四	陰爻	坎

事實上，劉震列舉此對比，並不是要解釋爻象的成象問題，而是要說明爻象在卦象之前，曾歷經了介於卦、爻之間的「半象」狀態，所謂的卦象其實是從爻象演變而來。〔註113〕雖然這個觀點被蔡飛舟駁斥，但蔡飛舟仍肯定其以陰陽的角度看爻象得象的觀點。〈爻象〉確實有九、五多剛；八、四多柔的傾向，唯未知同為陽爻的九、五以及同為陰爻的八、四在成象上有何區別。〔註114〕

　　藉由上表可知，筮數的配象確實有相當明顯的陰陽傾向，在與《說卦傳》能夠勘對的十三種爻象中，〔註115〕有八種象在兩邊文獻的陰陽對應一致，僅有水、日、兵、木、圓五象不同。而其中水、日兩象已可以從傳世文獻知道其陰陽之性，如上述考證〈卦位圖〉的坎離倒反之象時，便已提到水為陰這點。至於日象可參《黃帝內經·素問》：「天為陽，地為陰；日為陽，月為陰。」〔註116〕此外又如《繫辭上傳》云：「天尊地卑，乾坤定矣。卑高以陳，貴賤定矣。動靜有常，剛柔斷矣。方以類聚，物以群分，吉凶生矣。在天成象，在地成形，變化見矣。是故剛柔相摩，八卦相盪。鼓之以雷霆，潤之以風雨，日月運行，一寒一暑。」《正義》曰：「以風雨、日月運行，一寒一暑者重明上經變化見矣及剛柔相摩、八卦相盪之事。」《繫辭上傳》又云：「廣大配天

〔註113〕劉震：〈清華簡《筮法》中的「象」、「數」與西漢易學傳承〉，頁81～82。
〔註114〕蔡飛舟認為《筮法》的爻象得象與四方之卦有關。若此，則爻象必不在卦象之前。且若爻象在卦象前，六、七兩數也不應無任何爻象。從《筮法》來看，六、七兩數的概念與乾、坤兩卦相近，《說卦傳》中乾、坤兩卦亦有多種卦象，若卦象由爻象發展而來，那麼六、七兩數也應有其象才是。此外，蔡飛舟也就「半象」的理論辨明「半象」至少在三位卦象成熟之後才出現，不可能為爻象到卦象之間的過渡階段。蔡飛舟：〈清華簡《筮法·爻象》芻論〉，頁38、41。
〔註115〕表格內列有十四種象而此處卻說十三種的原因，在於經學者考證後，發現該字應為「聰」字而非「耳」字。
〔註116〕姚春鵬：《黃帝內經》，頁71。

地，變通配四時，陰陽之義配日月，易簡之善配至德。」〔註117〕雖然《說卦傳》將日被配以陰卦的離，月被配以陽卦的坎，但如前「坎離倒反」的論證所述，《周易》坎水、離火的配象可能不是從八卦本身的陰陽屬性與物象產生對應，從《周易》來看，離與日象相配，可能與卦名用字有關。〔註118〕就此來看，《筮法》的八有水象，五有日象與其陰陽之性正合。此外，圓象在〈爻象〉中被配以陰爻的四，在《說卦傳》中卻配以陽爻的乾，其陰陽配屬也有所不同。不過，蔡飛舟指出〈爻象〉以五象為天、為方；四象為地、為圓之所以與古之「天圓地方」不合，在於其方圓之象乃是取其卦德而非形象，天道剛健故方，地勢柔順故圓。〔註119〕雖然爻象的成象是否源自八卦仍是未定之天，但其思路可參。陽爻因剛對應天、方；陰爻因柔對應地、圓，以此解之亦通。

綜合來看，雖然兵、木兩象在《說卦傳》與〈爻象〉中的對應不一致，也沒有辦法單就木、兵判斷其陰陽屬性是否與筮數相合，但從表中其他爻象可知數字的奇偶陰陽的確可能是影響爻象成象的原因之一。

（3）得自於八卦卦象

有非常多的學者注意到〈爻象〉諸象與八卦之間的關係，如子居提到筮數五中的天、日、貴人皆屬乾卦。筮數九中的木、大獸、首、足、蛇皆屬震卦。筮數四中的地屬坤卦。〔註120〕

陳睿宏則認為筮數五的憂、懼、車、血等取象與坎卦相近，筮數八的風、言、飛鳥、魚的取象則與巽、兌兩卦相近。〔註121〕

王化平亦認為筮數八對應巽卦的風象，而言、水、飛鳥皆從風象出。筮數九對應震卦木象。筮數四對應兌卦澤象，澤為水之所聚，故有雪、露、霰諸

〔註117〕【魏】王弼、韓康伯注、【唐】孔穎達等正義：《周易正義》，頁144。
〔註118〕請參本文第四章第二節的相關說解。
〔註119〕蔡飛舟：〈清華簡《筮法‧爻象》芻論〉，頁38。
〔註120〕子居並未明言筮數八所對應的卦象，僅說言、飛鳥為風象；匜/匌（子居讀為沈）、汰、魚、腫脹為水象。而其在〈得〉節「春見八」筮例的釋讀中，將〈地支與爻〉、〈地支與卦〉合觀，得到「兌—巳亥—四」、「艮—辰戌—五」、「羅（離）—卯酉—六」、「勞（坎）—寅申—一（七）」、「巽—丑未—八」、「震—子午—九」的對應，按照其以震對應的理論邏輯來看，或許也認為風、言、飛鳥可對應巽卦。子居：〈清華簡《筮法》解析（修訂稿上）〉，頁21。：〈清華簡《筮法》解析（修訂稿下）〉，頁69～70。
〔註121〕陳睿宏：〈清華大學藏戰國竹簡《筮法》論譚〉，頁202。

象。〔註122〕

　　蔡飛舟對此則有更詳盡的論述，其認為「四方之卦」為〈爻象〉成象的通則，每一種筮數都可以對應兩個經卦。而筮數與八卦之間的聯繫則以子居將〈地支與卦〉、〈地之與爻〉合觀的觀點為基礎，〔註123〕並參酌〈爻象〉節的內容立說。首先，將〈地支與卦〉、〈地之與爻〉相重，得到下表中的對應：

【表 3-5】地支與卦、爻對應表

地支	子午	丑未	寅申	卯酉	辰戌	巳亥
經卦	震	巽	勞（坎）	羅（離）	艮	兌
筮數	九	八	七	六	五	四

根據上表，可知震對應九、巽對應八、艮對應五、兌對應四。然而，乾、坤兩卦與地支未有對應，且六、七兩數於〈爻象〉節未見，故乾、坤、勞（坎）、羅（離）四卦與筮數的關係需要重新考慮。蔡飛舟根據〈爻象〉的取象來重新分配這四卦與筮數的對應，其中八取水、風之象，而《說卦傳》可見「巽為風」、「坎為水」之象，故勞（坎）卦應同巽卦配屬於八。五象取天、日之象，《說卦傳》可見「乾為天」、「離為日」象，故乾、羅（離）應同配屬於五。雖然根據上表可知艮卦應配屬於五，但由於九有山象，可知艮卦實際上是與震卦同配屬於九，而震卦在《筮法》中為木，爻象九也有木象。四象取地、雪、露、霰，《說卦傳》可見「坤為地」的卦象，而雪、露、霰應是取兌卦的潤澤之義，故坤卦可歸屬於筮數四。

　　此外，蔡飛舟之所以稱爻象與「四方之卦」有關，起因在於〈得〉節「春見八」等四則筮例，透過這四則筮例可知筮數亦有其季節性，綜合上表與〈卦位圖〉對於四正卦的說解後，可再得「筮數-季節-八卦」的對應如下表：

【表 3-6】筮數與八卦、四季對照表

筮數	八	五	九	四
經卦	巽、勞（坎）	乾、羅（離）	震、艮	坤、兌
季節	夏	冬	春	秋

〔註122〕王化平、周燕：《萬物皆有數：數字卦與先秦易筮研究》，頁 190～191。

〔註123〕如註 120 所言，子居在考察〈得〉節「春見八」等筮數與爻的對應時，曾將〈地支與卦〉、〈地支與爻〉合觀立說。

蔡飛舟認為〈爻象〉中的諸象大多脫離不了這個對應。以筮數八而言，《說卦傳》以巽為風、為木，〈爻象〉亦以八為風，而飛鳥憑風而起、言語會導致風波、權字從木，皆與巽象有關。而坎為水、為耳痛、心疾，〈爻象〉亦以八為水，魚為水生動物、匜／匎、汰皆與水食有關、瘇脹為病，皆與坎象有關。

以筮數五而言，《說卦傳》以乾為天、為君、為大赤，〈爻象〉亦以五為天，君可對應貴人、血色為赤，而方與古人「天圓地方」的認知有別，蔡飛舟認為五象有方有可能是取天道剛健的意涵。離為日、為戈兵，〈爻象〉亦以五為日、為兵，而憂懼、譔（蔡飛舟讀為候）則當由戈兵之象增衍而出。

以筮數九而言，《說卦傳》以震卦為龍、為足，〈爻象〉亦以九為足，而龍當可對應蛇、大獸二象，雖然《說卦傳》以乾為首，但震亦有「的顙」之象可對。而曲、弓古多為竹製，而震有蒼筤竹之象。至於震為木則與《筮法》卦位圖所應相同。艮為狗、為手、為小石，戒備可能是取狗的警戒義，或是象徵「戒」字以手持戈警備之象，而弓象也可能是由戒備義引申而出。珌、琥、璜則是取其小石象。

以筮數四而言《說卦傳》以坤為地，〈爻象〉亦以四為地，而圓象可能是取地勢柔順之故，鼓、環、腫、耳（蔡飛舟或讀為珥）皆是從圓象而出。至於雪、露、霰則如前述所言，是取兌卦的潤澤之象。〔註124〕

筆者綜合上述各家學者所言八卦與筮數的對應，整理出下表：

【表3-7】學界所見爻象與八卦之間關係表

	子居	陳睿宏	王化平	蔡飛舟
八		巽、兌	巽	巽、坎
五	乾	坎		乾、離
九	震		震	震、艮
四	坤		兌	坤、兌

從上表可知，諸位學者的觀點並不一致，事實上，子居、陳睿宏、王化平三位學者都沒有提出系統論述，僅根據〈爻象〉的內容比對《說卦傳》，推測某數可能有取某一卦之象的傾向。

蔡飛舟則嘗試將爻象與八經卦全部連繫起來，希望為爻象的成象找出一

〔註124〕上述所整理之蔡飛舟說，請參氏著：〈清華簡《筮法‧爻象》芻論〉，頁34～38。

個可能的通則。但如果細查《筮法》的系統理論及《說卦傳》的相關內容，可以發現其說有一些破綻。主要問題有二：

其一是與《筮法》本身的理論系統不合，首先是季節的對應，蔡飛舟以九為春，對應震、艮；八為夏，對應巽、坎；四為秋，對應坤、兌；五為冬，對應乾、離，與〈四季吉凶〉的對應有出入，〈四季吉凶〉雖不見乾、坤兩卦，但仍發現巽從於震卦同屬春，艮卦從於羅（離）卦同屬冬。蔡飛舟以四隅卦對應四方仍不固定來解釋這種差異，並認為四隅卦與四正卦之間的對應可隨時權變。只不過兩者既然都與四季有關，那麼為何在〈爻象〉中就發生變通呢？再者，《筮法》明顯以勞（坎）卦為火而非水。對此，蔡飛舟認為：「〈卦位圖〉云：『南方，火也。』八為南方，據〈爻象〉為水，此取南方之卦，非南方之行也。」〔註125〕只不過《筮法》既然將勞（坎）配以五行的火，那麼其卦象也應當為火，並非僅僅是五行為火。據此，若筮數八的爻象得自於勞（坎）卦，那筮數八就應該有火象而非水象。然而，八確實有水象，按照《筮法》的理論系統，若該象得自於八卦，那其來源也應為羅（離）卦而非勞（坎）卦。蔡飛舟以坎卦應八、離卦應五，其實也是因為《說卦傳》以坎為水、以離為日的緣故。但坎、離兩卦在《說卦傳》與《筮法》中的卦象有相當大的差異，不宜直接拿來對應。

其二則是若干爻象與《說卦傳》的連結較為牽強，如震為木、為首的解釋，在《說卦傳》中其實也可見木、首之象，但卻是以巽為木、以乾為首，兩象皆非震卦所屬。蔡飛舟以震在〈卦位圖〉中為木，在《說卦傳》中有「的顙」之象釋之。但若依此邏輯，筮數八的水象亦可以用羅（離）卦解之。此外，巽卦有「廣顙」之象，也可以說九之首象來自於巽卦。其實，《筮法》已有〈人身圖〉明確提到首象屬乾，若該爻象得自於八卦，那也應得自於乾卦。再者，其認為五為血可與《說卦傳》乾卦的「大赤」之象相對，雖然《說卦傳》同時可以找到「坎為血卦」的卦象，但其認為〈爻象〉的血象並非如《說卦傳》以坎為水體而得象。然而，蔡飛舟在解釋筮數八之水象時，卻又以《說卦傳》「坎為水」的卦象解之，為何筮數八的水象可用坎為水的概念解讀，而到筮數五的血象就不用坎水解讀了呢？此外，其將〈地支與卦〉和〈地支與爻〉對應後所得的艮卦為五重新移到了筮數九中，並將筮數五另外對應乾、離兩卦。究其原因，乃是因為五有天、日之象而〈祟〉節乾祟遇九有山祟之

〔註125〕蔡飛舟：〈清華簡《筮法・爻象》芻論〉，頁38。

故，只能改變其對應以合其象。若〈爻象〉諸象與〈地支與卦〉、〈地支與爻〉的對應有關，為何要改易艮卦的對應呢？或許〈爻象〉諸象的得象來源不是直接連結〈地支與卦〉、〈地支與爻〉而來。

綜合來看，在〈筮法〉沒有說明其成象來源的狀況下，要找到其成象的通則相當困難。蔡飛舟的理論是一個很好的嘗試，但仍有一些令人未安之處。從上文「得自於數字奇偶」所列的表格可知，確實有部份爻象可與《說卦傳》相對，故不能排除爻象的成象與卦象有關的說法。但從表中亦看不出除了陰陽之外，爻象與八卦有其它更加具體的對應規律。根據該表，僅可知筮數八可對應巽、羅（離）；筮數五可對應乾、羅（離）、坎；筮數九可對應巽、乾、震、坎；筮數四可對應乾、坤。其中筮數八、九皆可見《說卦傳》巽象；筮數五、九皆有《說卦傳》坎象等。就此來看，一卦甚至有影響了不同筮數爻象的可能。換言之，爻象的成象雖可能與八卦有關，但目前尚不能確定八卦就是爻象成象的主要來源。若保守一點來講，連這些可在《說卦傳》中找到的象是否就來自於卦象亦難以斷言。

總的來說，從現有的材料來看，爻象的成象大體和數字字形、奇偶陰陽與八卦有關，但各爻象具體的成象來源尚難以確定。

2. 爻與四季數

數字與四季的對應於傳世文獻中多見，舉凡《禮記·月令》、《呂氏春秋》十二月紀、《管子·幼官》、《墨子·迎敵祠》、《黃帝內經·素問》乃至於《淮南子·時則訓》、《大戴禮記·千乘》、《春秋繁露·求雨》都可以見到相關的紀載。這些文獻中數字與季節的對應十分一致，都是以八為春數、七為夏數、九為秋數、六為冬數，顯現這種對應在先秦兩漢就已經固定下來，並被普遍地運用。〔註126〕

然而，《筮法》以春見八為吉、夏見五為吉、秋見九為吉、冬見四為吉，與傳世文獻的對應並不完全一致，其中春、秋兩季之數的對應相同，而夏、冬有別。究其原因，很有可能與《筮法》的用數體系有關。從本節的論述可知《筮法》六、一（七）兩數的性質與四、五、八、九有別，六、一（七）為陰陽爻的代表，在《筮法》中出現的頻率相當地高，而四、五、八、九出現的頻率低，具有特殊的爻象及其筮占意義。因此，傳世文獻中「夏數七」、「冬數

〔註126〕張克賓：〈論清華簡《筮法》卦位圖與四時吉凶〉，頁18。

「六」的對應與《筮法》的用數體系不合，故目前學界大多認為《筮法》以夏應五、冬應四當是根據其用數體系加以變造原有四季數的結果。〔註127〕

至於《筮法》將五對應夏、四對應冬的原因，子居、谷繼明兩位學者提出了不同的假說。子居將〈地支與卦〉、〈地支與爻〉加以對應，得到震為九、巽為八、勞（坎）為七、羅（離）為六、艮為五、兌為四之卦數。接著，以四正卦為中心加以變異其數，將四正卦對應的數字往回推移，震卦原本對應九，往回移一位對應八，合於「春見八」。勞（坎）卦原本對應七，但七（一）、六是陰陽爻之數，故必須連跳兩位至筮數五，合於「夏見五」。兌卦原本對應四，但四已經是《筮法》用數最小者，故根據周而復始的概念對應筮數九，合於「秋見九」。羅（離）卦原本對應六，往回移一位可得筮數五，但筮數五已對應勞（坎）卦，故必須再往回一位對應筮數四，合於「冬見四」。〔註128〕

谷繼明則是以《尚書・洪範》的「水→火→木→金」之序為說，將《筮法》的筮數由小排列至大，並捨棄作為陰陽爻常數使用的六、一（七）兩數，分別依序對應，可得水四、火五、木八、金九，與〈得〉節所見相合。〔註129〕

關於這兩種假說，首先子居將〈地支與卦〉、〈地支與爻〉對應的作法實屬可疑，大體可分為三點來談。其一，將〈地支與卦〉、〈地支與爻〉對應起來之後，可以發現四正卦與筮數的對應與〈得〉節所見全然不合，雖然將其數往回移動一位或兩位之後就可以得到相同的對應。但既然〈地支與卦〉、〈地支與爻〉可以直接對應，那麼為何《筮法》不直接以震春應九、兌秋應四呢？勞（坎）應七、羅（離）應六還可以用筮數性質的理由來解釋，但九、四都是特殊的筮數，《筮法》是出於什麼理論而移動震九、兌四兩數？又為何要往回移動？〔註130〕其二，如果以往回移數為說，那麼羅（離）卦往回移一位即可

〔註127〕 張克賓：〈論清華簡《筮法》卦位圖與四時吉凶〉，頁18。王化平、周燕：《萬物皆有數：數字卦與先秦易筮研究》，頁169～170。

〔註128〕 子居：〈清華簡《筮法》解析（修訂稿上）〉，頁21。

〔註129〕 谷繼明：〈清華簡《筮法》偶識〉，頁24。

〔註130〕 事實上，蔡飛舟就認為「春見八」、「夏見五」、「秋見九」、「冬見四」並不代表春數為八、夏數為五、秋數為九、冬數為四，只能說這些季節見到這些數有吉象，並稱此為「值時之數」，但為何此為值時之數蔡飛舟並未說明，僅從子居移數之說。如果按照〈地支與卦〉、〈地支與爻〉的對應，或可定春數為九、秋數為四，如果夏數非五，那麼只剩下夏數八、冬數五這個選項。如此一來就會產生為何夏數為八、冬數為五的問題。從〈爻象〉節筮數八有水的內容來看，用爻象來解此四季數顯然不可行，更何況如張克賓所言，爻象的組成本身就與四季數有諸多不合之處，若四季數是春八、夏五、秋九、冬

對應筮數五，但子居為了使其數與〈得〉節筮例相合，先移動夏數才移動冬數，頗為牽強。其三，雖然巽、艮兩卦為四隅卦，在〈卦位圖〉中並沒有刻意提及，但根據〈四季吉凶〉的內容，可知巽、艮兩卦也具有季節性，且〈地支與卦〉已先行排除了不納入四季的乾、坤兩卦，若〈地支與卦〉、〈地支與爻〉可對應，是否能直接無視巽、艮兩卦的四季屬性也是一個問題。綜合這三點，可推測子居之說恐怕不確。

至於谷繼明的觀點則可備為一說。事實上，傳世文獻中的四季之數也與《尚書‧洪範》的五行之序有關。如鄭玄注《禮記‧月令》「其數八」時提到：

> 數者，五行佐天地生物成物之次也。《易》曰：「天一地二，天三地四，天五地六，天七地八，天九地十。」而五行自水始，火次之，木次之，金次之，土為後。木生數三，成數八，但言八者，舉其成數。〔註131〕

孔穎達更進一步地解釋道：

> 生物者，謂木火七八之數也。成物者，謂金水九六之數也。則春夏生物也，秋冬成物也。故《易‧繫辭》云：「精氣為物，遊魂為變」也，注云：「精氣謂七八，遊魂謂九六，則是七八生物，九六終物」是也。引《易》曰：「以下者，《易‧下》系文也。天陽地陰，陽數奇，陰數耦。陽所以奇者，陽為氣，氣則渾沌為一，無分別之象；又為日，日體常明，無虧盈之異，故其數奇。其陰數所以耦者，陰為形，形則有彼此之殊；又為月，則有晦朔之別，故其數耦。按《律歷志》云：「天數二十五」，所以二十五者，天一、天三、天五、天七、天九，總為二十五。《律歷志》又云：「地數三十」者，地二、地四、地六、地八、地十，故三十也。以天地之數相合，則《易》之大衍之數五十五也。云：「五行自水始，火次之，木次之，金次之，土為後」者，天一生水於北，地二生火於南，天三生木於東，地四

四，則筮數八有風、水之象，似乎可同時與春、冬兩季相應。又九數有木象，也與秋季不應。同理，若四季數是春九、夏八、秋四、冬五，則除了上述所說八有水象與夏季不合外，四有雪象亦不合秋季。若此，則《筮法》以夏數為八、冬數為五的原因不明。此外，就算定出夏數為八、冬數為五，仍然有為何要往回移一位的問題。蔡飛舟：〈清華簡《筮法‧爻象》芻論〉，頁35～39。張克賓：〈論清華簡《筮法》卦位圖與四時吉凶〉，頁18。

〔註131〕 【漢】鄭玄注，【唐】孔穎達等正義：《禮記正義》，頁282。

生金於西，天五生土於中，以益五行生之本。按《尚書·洪範》云：「一曰水，二曰火，三曰木，四曰金，五曰土」故其次如是也。所以一曰水者，乾貞於十一月子，十一月一陽生，故水數一也，又天地之內，水體最微，故水為始也；二曰火者，坤貞於六月未，六月兩陰生，陰不敢當午，火比於水，嚴屬著見，故次火也；三曰木者，正月三陽生，是建寅之月，故三曰木，木比火象有體質，故次木也；四曰金者，八月四陰生，是建酉之月，故四曰金，金比木，其體堅剛，故次金也；五曰土者，三月五陽生，三月建辰之月，辰為土，是四季之首，土王四季，故五曰土載四行，又廣大，故次土也。水所以在北方者，從盛陰之氣，所以潤下者，下從陰也。火所以在南方者，從盛陽之氣，炎上者，從陽也。木所以在東者，東是半陰半陽，曲直以陰陽俱有，體質尚柔，故可曲可直也。金所以在西方者，西方亦半陰半陽，但物既成就，體性堅之，雖可改革，猶須火柔之。土所以在中者，以其包載四行，含養萬物為萬物之主，稼者，所以養萬物也。云：「木生數三，成數八」者，鄭注《易·繫辭》云：「天一生水於北，地二生火於南，天三生木於東，地四生金於西，天五生土於中。陽無耦，陰無配，未得相成。地六成水於北，與天一併；天七成火於南，與地二並；地八成木於東，與天三並；天九成金於西，與地四並；地十成土於中，與天五並也。大衍之數五十，有五行各氣並，氣並而減五，惟有五十，以五十之數，不可以為七八九六卜筮之占以用之，故更減其一，故四十有九也。」是鄭注之意，水數一，成數六，火數二，成數七，木數三，成數八，金數四，成數九，土數五，成數十，故此云：「木生數三，成數八」。「但言八者，舉其成數」者，金木水火以成數為功，皇氏用先儒之義，以為金木水火得土而成，以水數一，得土數五，故六也；火數二，得土數五，為成數七；木數三，得土數五，為成數八，又金數四，得土數五，為成數九。此非鄭義，今所不取。〔註132〕

從引文可知，傳世文獻中所取之四季之數，其實是五行的成數。從孔穎達的疏解中可以看到兩種說法，但不管是何種說法，大體都是以《尚書·洪範》：

〔註132〕【漢】鄭玄注，【唐】孔穎達等正義：《禮記正義》，頁283。

「一曰水，二曰火，三曰木，四曰金，五曰土。」〔註133〕的順序為基礎。谷繼明以此立說，結果除了與〈得〉節的對應全同之外，春、秋兩季之數也與傳世文獻所錄相同。從上述的引文中，可知生成數即是《繫辭上傳》所謂的天地數，鄭玄用此來解釋《周易》成卦的「大衍之數五十」，且成數之六、七、八、九正好是《周易》的筮占用數。由於《筮法》的成卦法未明，目前尚不知生成數與四、五、八、九有何關係，也難知其對應之理，但《筮法》的四、五、八、九確實有其特殊性，以此應《尚書‧洪範》的五行之序的確有其可能。

3. 四、五、八、九在筮例中的實際運用

《筮法》中出現四、五、八、九的筮例及其相關內容如下：

出　處	卦　畫	占　辭	簡　序
〈死生〉5		三吉同兇，惡爻處之，今焉死。	9-11
左下卦出現五、九，結果為凶，特別點出惡爻。			
〈死生〉6		三兇同吉，惡爻處之，今焉死。	12-14
左下卦出現九、五，結果為凶，特別點出惡爻。			
〈得〉4		三男同女，乃得。	7-8
左下卦出現九，結果為吉，未說明爻數作用。			
〈得〉6		見覆數，乃亦得。	11-12

〔註133〕《洪範》原文，可見【漢】孔安國傳，【唐】孔穎達等注：《尚書正義》，頁169。

左上兌卦出現四、五、九，結果為吉，與筮數排列有關。			
〈得〉8		春見八，乃亦得。	16-17
左下出現八，結果為吉，與時間有關。			
〈得〉9		夏見五，乃亦得。	18-19
左下出現五，結果為吉，與時間有關。			
〈得〉10		秋見九，乃亦得。	20-21
左下出現九，結果為吉，與時間有關。			
〈得〉11		冬見四，乃亦得。	22-23
左下出現四，結果為吉，與時間有關。			
〈讎〉7		表涽，售。數出，乃亦售。	21-22
左上出現九、八，結果為吉，點出爻的位置。			
〈貞丈夫女子〉1		凡貞丈夫，月夕乾之萃，乃純吉，無春夏秋冬。	24-31
〈貞丈夫女子〉2			

〈貞丈夫女子〉3			
〈貞丈夫女子〉4			
〈貞丈夫女子〉8		凡貞女子，月朝坤之萃，乃純吉，無春夏秋冬。	卦畫 30-31 簡文 24-31
這五則筮例可見九、八兩數，結果為吉，占辭特別說明「無春夏秋冬」。			
〈小得〉3		三同一，乃得之。	28-29
左下卦可見五、四兩數，結果為吉，未說明爻數作用。			
〈征〉1		凡征，內勝外。	24-25
〈征〉2		凡征，外勝內。	26-27
從占辭來看，該這兩則筮皆例是以上下卦的數字大小，判斷敵我勝負，與爻本身的吉凶判斷無涉。			
〈成〉1		凡成，同，乃成。	28-29
左右兩對卦的三、四爻皆為筮數五，結果為吉，占辭特別點出左右同爻位之爻相同。			

除了上述筮例之外，〈果〉節：「如卦如爻，上下同狀，果。」以及〈爻象〉節：「凡爻，如大如小，作於上，外有咎；作於下，內有咎；上下皆作，邦有兵

命、薦饑、風雨、日月有差。」這兩段簡文也都與爻的占斷有關。這方面的問題可分為兩個部份來談，其一是爻象在《筮法》中的作用為何，其二則是「爻」本身的吉凶性質問題。

關於第一點，綜觀《筮法》前半部的筮例，可以發現爻象與「四位卦象」、「乾為首」等卦象相同，都找不到運用實例。僅在〈祟〉節可以隱約發現一些可能與爻象有關的祟。〈祟〉節筮數與作祟者的關係可整理如下表：

【表3-8】筮數與作祟者、八卦關係表

筮　數		作祟者	所屬八卦
八		俘以死	坤
		巫	巽
五		滅宗	乾
		楒骰	艮
		伏劍者	勞
		巫	巽
九		山	乾
		豦	艮、勞
		粒（脅／戾）	巽
		蠱子	巽
四		縊者	坤、勞、羅、巽
		狂者	巽
複合筮數	一四一五	辜者	勞
		長女殤	羅
	二五夾四	辜者	羅

很明顯地，從中可以找到一些爻象的蛛絲馬跡，如勞（坎）遇五有伏劍者之祟，而五有兵象。艮、勞（坎）遇九有豦祟，根據本文第二章對「豦」祟的考察，可知其可能指「封豕之屬」或「玃」等獸類，而九有大獸之象。又坤、勞（坎）、羅（離）、巽四卦遇四皆有縊者之祟，而四象為環、為圓，上吊用的繩子亦為環狀。此外，乾祟遇九有山祟，而九象為曲，可能象山勢起伏之貌。綜合來看，或可推測爻象在一定程度上影響了作祟者的判斷，但這也是爻象在《筮法》中唯一可見的影響。

蔡飛舟更進一步推測〈爻象〉節所列諸象其實並非各數有其爻象，而是

用來配合八卦判斷作祟者所用，也就是說在實際占斷時卦爻出現八並非有風、水、飛鳥之象，而是有風、水、飛鳥相關之祟或災難，因為《筮法》中四、五、八、九明顯有凶象，故其象應是用來判斷祟的輔助材料，〔註134〕或可備為一說。尤其是出土《日書》、卜筮祭禱簡中出現的祭祀、作祟對象遠超〈祟〉節所錄，天神地祇、人鬼精怪無所不有。也就是說《筮法》實際上所用的祟很有可能不只《筮法》所見的這一些，但礙於篇幅的限制，只記載了幾種常見的作祟者。從上述的比對來看，爻象用以輔助推斷這些數量繁多的作祟者是十分有可能的，惟不清楚其它爻象與作祟者之間的聯繫及判斷方法。另外，由於《筮法》未說明爻象具體作用，故也不能排除爻象還有其它功能。

關於第二點，爻象之所以被眾多學者認為有凶象，大體有兩個原因，其一是〈爻象〉節的最後一段文字，說明四、五、八、九於上卦、下卦或上下卦皆出現時都將有災患發生。其二是〈死生〉節例5、6稱九、五兩數為「惡爻」。如前所述，「惡爻」確實會使筮占結果往不好的方向發展。

然而，綜觀《筮法》所有出現四、五、八、九的筮例，卻僅有上述所舉〈死生〉筮例的結果為凶，其他16則筮例的結果仍為吉，十分耐人尋味。對此，學界多認為這可能是受到某些因素的影響而使惡爻不為凶，如蔡飛舟認為爻可能受到命辭或卦位組成的影響而使之不為凶，如〈死生〉「三吉同兌／三凶同吉」的結果本來就兌，使得惡爻有發揮的空間，讓結果更為凶險；而〈得〉節雖然出現了惡爻，但可能受到命辭或卦象組成的因素而遏止其凶，使其結果仍為得。〔註135〕筆者認為其思路可從，首先，從〈果〉節「大事、中事、小事、內事、外事」皆以不同的解卦手段為果，可知命辭的確會影響卦爻象的解讀，可能如〈果〉節所說，占某類命辭而得見某象則逕可判斷吉，惡爻未必能改變其結果。其它使爻不為凶的因素更多，首先是卦象，上述18則筮例扣掉與爻本身性質無關聯的〈征〉節筮例後，16則筮例有7則皆逕以卦象論吉，如〈貞丈夫女子〉節的五則筮例的占辭曰：「月夕乾之萃／月朝坤之萃，乃純吉，無春夏秋冬。」並未提到其中出現的筮數有何影響，單以乾、坤兩卦論吉。〈得〉節例4、〈小得〉節例3的占辭中也都只提到了卦象。此外，「春見八」、「夏見五」、「秋見九」、「冬見四」顯現季節與爻的對應若正確也會使其結果為吉，雖然這四則筮例都具有特殊的「三女同男」卦象，而〈得〉

〔註134〕蔡飛舟：〈清華簡《筮法·爻象》芻論〉，頁38～39。
〔註135〕蔡飛舟：〈清華簡《筮法》補釋〉，頁14。

節例 5 也表明占得「三女同男」之象確實會使結果為得，但此處仍列出「春見八」等四則筮例，可見不管卦象如何，只要占得這種特殊的交象也會使結果為吉。推而廣之，則「覆數」、「表涮」、「同次」、「上下同狀」等解卦術語似乎也說明了筮數處在特定的位置或形成某種特殊的排列順序時，也會使筮占結果不惡。

　　就此來看，「交」雖然具有凶象，但並不是決定筮占結果吉凶的主要因素。決定吉凶的關鍵仍是卦，交僅在出現某些特定的組合時才會影響結果的吉凶判定。若從〈死生〉節例 5、6 反觀〈交象〉節「作於上，外有吝；作於下，內有吝；上下皆作，邦有兵命、薦饑、風雨、日月有差。」這一段話，或許交「為惡」的條件是卦象不為吉、又沒有湊得特殊交象的狀況下，才出現內外有吝、邦有兵命的惡果。

二、《筮法》所見的特殊交象

　　與卦相同，交除了其本身所代表的象之外，在筮例中還會根據不同的交位或筮數組合形成特殊的交象，《筮法》中可見「虛」、「覆」、「涮」、「同次」四種。

（一）虛

　　此交象在《筮法》中共見兩例，皆在〈死生〉節中，筮例如下：

出　處	卦　畫	占　辭	簡　序
〈死生〉1		六虛，其病哭死。	1-2
〈死生〉2		五虛同一虛，死。	3-4

關於「虛」的具體所指，學界多有討論，整理小組從《繫辭下傳》的「周流六虛」推斷「虛」應指交位。例 1 的「六虛」是指「合觀左右的六交之位皆有陽交」。而例 2 的「五虛」則是指「兩上卦的中間一交左右沒有陽交」，「同一

虛」則指「左下卦唯有一陽爻」。〔註136〕然而，整理小組的解釋有諸多問題，首先是對「六虛」的解釋含混不清，「六爻之位皆有陽爻」可以指上爻左右皆陽爻，也可以指一至六爻六個爻位合觀左右皆至少有一個陽爻出現。如果是前者，那「六虛」、「五虛」中的「五」、「六」都是指特定的爻位。但如果是後者，那就會產生前後筮例「六」、「五」兩個數字內涵不一致的問題，造成例1的「六虛」是指六個爻位，而例2的「五虛」卻獨指五爻一個爻位的狀況。再者，整理小組認為「一虛」是單指左下卦的陽爻，又與「六虛」、「五虛」皆以合觀左右爻為論的解讀方向不一致。可見整理小組對於「虛」的認識尚不透徹，造成解釋前後不一致的狀況。因此，學者們紛紛提出不同觀點，綜合來看，大致上可分為「孤虛說」與「左右爻說」兩個觀點。

1. 以孤虛術為說

　　此說由子居提出，認為若按照整理小組對例2的理解，例1也應當將左下卦獨立出來，只不過其占辭就應該是「六虛同二虛」而非「六虛」。此外，《筮法》也不以六爻卦為占，既然不以六爻卦為占，那自然也沒有六位的概念，因此整理小組以「六位」解釋「虛」的觀點不確。

　　子居認為「虛」應指「孤虛術」，並舉放馬灘秦簡《日書》乙種來說明「孤虛術」於先秦早已有之：

> 甲子旬，辰巳虛，戌亥孤，失六，其虛在東南，孤在西北，若有死，各六，不出一歲；甲戌旬，寅卯虛，申酉孤，失，虛在正東，孤在正西，若有死者，各四凶，不出一月；甲申旬，子丑虛，午未孤，失，虛正北，孤在南，若有死者，各一凶，不出一歲；甲午旬，戌亥虛，辰巳孤，失，虛在西北，孤在東南，若有死者，各三凶，不出一月；甲辰旬，申酉虛，寅卯孤，失，虛在正西，孤在正東，若有死者，各參凶，不出五月；甲寅旬，午未虛，子丑孤失，虛在東，孤在西，若有死者，各五凶，不出一歲。

從這段文字來看，「孤虛」為十天干與十二地支不能完全相配而產生的一種理論，《史記‧龜策列傳》有相當精確的解釋：「日辰不全，故有孤虛。」《集解》云：「甲乙謂之日，子丑謂之辰。甲子旬中無戌亥，戌亥即為孤，辰巳即為虛。甲戌旬中無申酉，申酉為孤，寅卯即為虛。甲申旬中無午未，午未為孤，子

〔註136〕 李學勤主編：《清華大學藏戰國竹簡（肆）》，頁78。

丑即為虛。甲午旬中無辰巳，辰巳為孤，戌亥即為虛。甲辰旬中無寅卯，寅卯為孤，申酉即為虛。甲寅辰中無子丑，子丑為孤，午未即為虛。」〔註137〕《集解》說明了「孤虛」的排法，以「甲子旬」為例，一旬中共歷甲子、乙丑、丙寅、丁卯、戊辰、己巳、庚午、辛未、壬申、癸酉十日，而餘下的「戌亥」無天干可配，故稱為「孤」，而與戌亥相應為六府者即為「虛」。〔註138〕接著，子居又根據宋代《虎鈴經》除了上述的「旬孤虛」外，還有單以地支立論的「地支孤虛」，假設先秦的干支都各有孤虛，推測此處的「虛」其實是指「天干孤虛」，也就是每一個天干都有其相應的孤虛。以「六虛」為例，其卦畫的組成分別是乾、乾、巽、羅（離），根據〈天干與卦〉的規律，可知此例共出現了甲壬、甲壬、辛、己六個天干，因此會出現與這六個天干相應的六個「天干孤虛」。而以例2來說，其四位卦分別為艮、乾、羅（離）、震，天干為丙、甲壬、己、庚，因此會出現與這五個天干對應五個「天干孤虛」。至於「同一虛」的所指，子居則從「當日」的卦象中得到靈感，認為這是指日天干中出現了卦中五個「天干孤虛」中的其中一虛。〔註139〕

但這個說法隨即遭到李尚信、蔡飛舟、李宛庭的反駁。李尚信指出子居的孤虛理論有三個嚴重的錯誤，首先，這個說法並不管「孤虛」會不會實際出現筮例中。如例1的四位卦組成為乾、乾、巽、羅（離），天干為甲壬、甲壬、辛、己，這其實僅是四卦代表的天干，而不是這些天干的孤虛。另外，孤虛要在日辰之中出現才會造成影響，如果不出現便難以說其為禍。其次，假設四位卦由三到四個乾、坤卦組成，那甚至會有「七虛」、「八虛」的狀況出現，按照〈死生〉節這兩則與「虛」有關的筮例結果皆為凶的狀況來看，若出現「七虛」、「八虛」則代表結果更為凶險，《筮法》作為一部列舉式的筮書，應列舉這種更加極端的狀況說明之。然而，《筮法》並沒有羅列「七虛」、「八虛」的筮例，且從這兩則筮例來看，「虛」的總數似乎只有六，可能沒有「七虛」、「八虛」的狀況。其三，子居將〈死生〉例2「五虛同一虛」的「同」解釋為吻合，指日天干中有吻合卦中五虛者。然而，根據《筮法》諸多「A同B」的卦象來看，「同」應作「會遇」解，即「A象遇B象」，故將之解為與

〔註137〕瀧川龜太郎：《史記會注考證》，頁1313。

〔註138〕六府的概念可見於《淮南子・天文訓》：「何謂六府？子午、丑未、寅申、卯酉、辰戌、巳亥是也。」即後世命理常見的「六沖」。何寧：《淮南子集釋》，頁200。

〔註139〕子居：〈清華簡《筮法》解析（修訂稿上）〉，頁18～19。

「日天干」吻合是不恰當的。〔註140〕

此外，蔡飛舟還提到《筮法》中幾個以日干支為占的筮例占辭中皆見「日」字，可知此處的「同一虛」並不是指日辰。且子居將四位稱為年、月、日、時似乎是按照後世四柱八字的理論，讓四位卦兼具四柱的概念，若例2單論日干的話，那就不宜旁及年、月、時三卦而論「五虛」。若要兼論四卦的天干之虛與日干之虛是否有對應，就不宜將四位視為四柱。故子居的解釋實際上是引「孤虛」之說附會「六虛」、「五虛同一虛」的筮辭。〔註141〕

李宛庭則認為先秦所見的孤虛術僅有「旬孤虛」，也就是說每個筮占日只有一孤一虛，不可能出現六虛、五虛同一虛的卦象。再者，李宛庭考證先秦孤虛術的實際運用發現孤虛術多是孤、虛相對使用，但《筮法》此處僅有虛而無孤，顯現《筮法》的「虛」與孤虛術無涉。〔註142〕

綜上所述，子居的孤虛之說有多處破綻。實際上，子居僅以宋代文獻中的「地支孤虛」推斷先秦時天干、地支各有其孤虛這點已屬武斷。此外，其理論邏輯只是單純地認為卦可對應天干，而天干有其孤虛，但天干的孤虛究竟為何，子居並未說明。依此來看，子居以「孤虛數」論《筮法》之「虛」的觀點並不可從。

2. 以合觀左右爻為說

除了子居的「孤虛術」之外，學界還有另外一種主流的觀點，認為整理小組對例1「六虛」的解讀角度正確，「虛」應是指左右兩爻合觀的一種爻象。如王化平認為「五虛同一虛」中的「五虛」應指合觀左右，陽爻占了五個位置，而上卦的中爻全被陰爻佔據，故稱為「一虛」。〔註143〕

〔註140〕 李尚信還認為筮占必定是在某一個日子中進行，也就是說日干對應的那「一虛」是必然存在的，因此例一應讀為「六虛同一虛」而非「六虛」。但此處子居所說的吻合應是指例二出現日干與卦內「五虛」有相合者，才判斷此日干為同一虛，若日干之虛與卦內之虛無對應者則不稱「同一虛」，子居之意並非將日干也固定算為一虛。李尚信：〈清華簡《筮法》筮例並非筮占實例〉，頁53～54。

〔註141〕 蔡飛舟：〈清華簡《筮法》補釋〉，頁11～12。

〔註142〕 李宛庭：《清華大學藏戰國竹簡（肆）・筮法研究》，頁50～52。

〔註143〕 不過王化平下了一個「虛」實際上指左邊或右邊兩組卦中，某個位置被筮數所佔據的結論。李尚信認為這個結論實際上與整理小組說「虛」指爻位的意義相同，並不精確。王化平、周燕：《萬物皆有數：數字卦與先秦易筮研究》，頁165。李尚信：〈清華簡《筮法》筮例並非筮占實例〉，頁54～55。

蔡飛舟所論更詳，其從三個地方來判斷「虛」與爻象有關。首先，〈志事、軍旅〉節有「同次」爻象，指四個經卦中的次爻陰陽是否相同，顯現《筮法》會以爻的陰陽解卦。其次，〈男女〉節「上去二、下去一」以及〈征〉節的兩則筮例都是將左右爻視為一個完整的單位。此外，〈成〉的「同」、「不同」也是以合觀左右兩爻為占，可見《筮法》將左右同爻位者視為一個考察、對比的單位。其三，從〈死生〉節的兩則筮例可知「虛」的總數為六，而爻位最多也正好是六個。因此，蔡飛舟推測「虛」是一種合觀左右爻位的一種爻象，根據〈死生〉節例 1、2 的卦畫組成，「虛」應該有兩種形式，一種是「含陽之虛」，「━━」、「ㄥ━」、「━ㄥ」皆屬之；另一種是純陰之虛「ㄥㄥ」。例 1 的六個爻位皆是由「含陽之虛」構成，故曰「六虛」；例 2 則是由五個「含陽之虛」與一個「純陰之虛」所構成，故曰「五虛同一虛」。〔註 144〕

李尚信也有相似的觀點，但其認為這個說法有一些疑點。其一，《筮法》並沒有詳細說明「虛」的所指，其內涵難以捉摸。其二，當出現一陰一陽的組合時，其意義與左右皆出現陽爻的狀況相同，其中的陰爻完全失去作用，令人費解。〔註 145〕此外，李宛庭也認為蔡飛舟將虛分為「含陽之虛」、「純陰之虛」的觀點與《筮法》的用語習慣不合，因《筮法》多將兩個相對的概念用不同的詞語表達，如「陰陽」、「吉凶」、「內外」、「朝夕」，若「虛」是由陰陽劃分，那應該要用不同的詞語表達。〔註 146〕

綜合以上諸說，蔡飛舟的觀點或可備為一說，原因有二，其一是「虛」的總數為六，從〈男女〉節的筮例來看，《筮法》無疑具備了六爻卦的概念，故「虛」指六爻有其道理。其二是從〈男女〉、〈征〉、〈成〉三節的筮例可知《筮法》將左右同爻位的兩爻視為一個完整的單位。而從本章第二節可知，《筮法》中也有不少卦象或解卦手段是合觀左右兩卦所形成，如相見、妻夫、上毀。因此，《筮法》本就有合觀左右卦、爻位為占的理論。綜合這兩點，或可推測「虛」這個爻象是合左右為一體的六爻爻位象。只不過《筮法》沒有明確說明「虛」的具體所指，因此目前只能透過〈死生〉例 1、2 的卦畫組成來推測「六虛」、「五虛」、「一虛」的意義。至於為何「━━」、

〔註 144〕蔡飛舟：〈清華簡《筮法》補釋〉，頁 12～13。
〔註 145〕李尚信：〈清華簡《筮法》筮例並非筮占實例〉，頁 55。
〔註 146〕李宛庭：《清華大學藏戰國竹簡（肆）‧筮法研究》，頁 52～53。

「　」、「　」都屬於「含陽之虛」，或許與〈祟〉節「男勝女」的原則有關，由於「男勝女」、「陰順陽」，故將「　」、「　」也視為陽虛，只不過這也僅是一種可能的猜測。若保守來看，目前僅能確定「虛」是一種爻位象，但其切確的爻性區別目前尚未有定論。

（二）覆

此爻象見於〈得〉節例6，從第二章的文字校讀中可知 　 當讀為「覆」，指筮數倒覆之象，筮例如下：

出　處	卦　畫	占　　辭	簡　序
〈得〉6		見覆數，乃亦得。	11-12

從上述關於「數」的論述可知「數」在《筮法》中即為兌卦，因此「覆數」應為本例左上由四、五、九構成的兌卦，「覆」當指該兌卦的某個狀態，由於該兌卦皆由特殊筮數構成，故「覆」很有可能如賈連翔所言是指筮數的排列。只不過由於成卦法的缺失，目前尚難以知曉《筮法》易卦書寫的先後順序。若《筮法》的成卦順序如《周易》由下而上，那此處就應讀為「九五四」。若「九五四」為覆，則《筮法》的筮數正序應為四、五、八、九。然而，若成卦順序與閱讀順序相同由上至下，那此處就應讀為「四五九」。若「四五九」為覆，則《筮法》的筮數正序應為九、八、五、四。因此，「覆數」的具體數列為何目前尚無法確定。不過，從此可知筮數排列組合亦是《筮法》重要的解卦手段之一。除了此例之外，〈祟〉節中勞（坎）、羅（離）兩祟的「一四一五」，以及羅（離）祟獨有的「二五夾四」皆是以特殊筮數的組成來判斷作祟者，與下方所論的「淆」皆是數列解卦的運用實例。

（三）淆

此爻象可見兩處，一為〈祟〉節中乾祟之「淆乃父之不葬死」，二為〈讎〉節例2之「表淆」，筮例如下：

出　處	卦　畫	占　辭	簡　序
〈讎〉2		表淆，售。數出，乃亦售。	21-22
指左上卦筮數九、八混出。			

雖然在原簡中這兩處的「淆」字都寫成「肴」，但正如本文第二章「表淆」的釋讀所論，綜合〈祟〉節及〈讎〉節的內容來看，這兩個「肴」都應讀為「淆」，指「筮數混出」的爻象，其依據如下：

首先，〈讎〉節筮例的左上卦出現了九、八兩數，而〈祟〉節則以「純」、「五」、「九」、「肴（淆）」來判斷作祟者，其中「純」、「五」、「九」都是指構成乾卦的爻象，可知「肴（淆）」應也是乾卦的一種爻象構成，既然在〈祟〉節可確定「肴（淆）」與爻有關，便可推測〈讎〉節的「表肴（淆）」之「肴」應指左上卦的九、八而言。

接著，乾祟特別註明了「五」、「九」的祟，可知「肴」當不如字讀，若「肴」單純指四、五、八、九這四個特殊筮數的話，就會造成五、九同時代表兩種作祟者的狀況。而〈讎〉節筮例的「肴」確實出現了兩個不同的特殊筮數，或可推測乾祟的「肴」也指筮數混出的現象，故整理小組將〈讎〉節的「肴」讀為「淆」指「五、九混出」的說法有其道理。

另外，「筮數混出」應不包含六、一（七）兩數。首先，「四」、「五」、「八」、「九」在《筮法》中具有特殊性。再者，假設一（七）與六也算「筮數混出」的範疇，那麼基本上除了乾、坤兩卦之外，其餘經卦必然會出現筮數混出的狀況，如以一來「淆」就沒有了特殊性。據此，當可推測「淆」是指四、五、八、九四個特殊筮數混出的爻象。

（四）　同次

同次爻象見於〈志事、軍旅〉節中，如下：

出　處	卦　畫	占　辭	簡　序
〈志事、軍旅〉1		凡筮志事，而見同次於四位之中，乃曰爭之，且相惡也。如筮軍旅，乃曰不和，且不相用命。	32-36

〈志事、軍旅〉2		

整理小組疑此指四卦之次爻彼此相同，〔註147〕從這兩則筮例來看，例 1 四位卦的中爻皆為陰爻六，例 2 則為陽爻一（七），故整理小組之說可從。由此可知除了合觀左右同爻位為占的原則外，《筮法》亦以四位卦中的相應爻位為占。

第四節　《筮法》時序類解卦原則

　　最後，除了卦、爻之外，時間也是《筮法》重要的解卦參數，故本節將論述《筮法》中與時間有關的解卦原則。從上文的論述中，可以發現四、五、八、九都與四季有所相應並以之為占，〈祟〉節中的乾祟以「暮純」判斷作祟者，而震祟在「日出」、「旰日」、「昃日」、「暮日」四個時段也分別代表了不同的作祟者，顯現同一天的不同時段也會影響筮占結果的判斷，都說明了時間在《筮法》的解卦體系中具有舉足輕重的地位。

　　然而，除了上述的時間概念之外，在〈乾坤運轉〉與〈四季吉凶〉兩節中，還可以看到八卦的吉凶，這個解卦手段在《筮法》中有大量的運用，八卦吉凶的規律也與時間息息相關。另外，《筮法》還有「當日」、「述日」、「當辰」等解卦術語，由於《筮法》錄有〈天干與卦〉、〈地支與卦〉兩節，記載了天干地支與卦的對應，故整理小組認為這兩節的內容很有可能與「當日」、「述日」、「當日如當辰」乃至於〈果〉節的歲、月、日有關，都是透過干支使卦與時間產生對應，並以之為占。〔註148〕

　　綜合來看，本節主要的重點有二：其一、論述「八卦吉凶」的規律及其相關問題。其二、釐清「當日」、「當辰」、「當日如當辰」、「述日」、〈果〉節「歲、月」這些與干支有關解卦術語的具體所指。

一、八卦吉凶

　　八卦吉凶有兩個層次，一是乾坤兩卦的吉凶，《筮法》立有〈乾坤運轉〉

〔註147〕李學勤主編：《清華大學藏戰國竹簡（肆）》，頁 105。
〔註148〕李學勤主編：《清華大學藏戰國竹簡（肆）》，頁 87、92、104、110。

一節，以一月之朝夕來區分乾坤兩卦為吉的時間。二是六子卦的吉凶，其規律見於〈四季吉兇〉之中，與卦位圖中四正卦與季節的對應息息相關，其間的問題相當複雜。簡而言之，《筮法》中的父母卦與六子卦有不同的吉凶變化，父母卦的吉凶變化以月為主，六子卦的吉凶則隨四季變化，兩者並不一致。以下將就〈乾坤運轉〉與〈四季吉凶〉兩個部份分別論述其規律及相關問題。

（一）父母卦吉凶—〈乾坤運轉〉

〈乾坤運轉〉簡文云：

> 凡乾，月夕吉；坤，月朝吉。坤晦之日逆乾以長巽；入月五日舍巽，
>
> 乾坤長艮，旬，乾、坤乃各返其所。

簡文開宗明義地說明乾在月朝時為吉，坤在月夕時為吉。然而，其中並沒有說明乾在月朝以外、坤在月夕以外的吉凶為何，因此「坤晦之日」以後的文字，皆被學者認為是對乾、坤吉凶規律的補充。

整理小組認為「坤晦之日」後的文字，講述了乾、坤在一個月之內於四隅卦運動的規律。其將「長」讀為「當」，「坤晦之日逆乾以當巽」，指坤在晦日，即每個月的最後一天開始移動，迎接乾一起合於「巽」位，吉凶也隨巽卦變化。「入月五日舍巽，乾坤當艮」則指初五乾、坤離開巽位，改合於艮卦的吉凶。「旬，乾坤乃各返其所」指到了初十，乾坤二卦開始返回原位，大體上一次循環完成的所需時間為一旬，也就是說乾坤一個月會循環三次。規律如下圖：〔註149〕

【圖 3-4】整理小組所擬〈乾坤運轉〉的運行軌跡

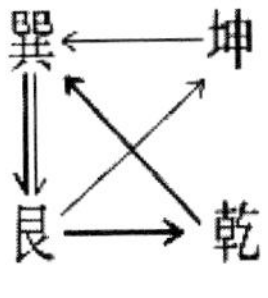

蔡飛舟根據整理小組之說，製作了乾、坤在一月之中的吉凶變化表：
〔註150〕

〔註149〕李學勤主編：《清華大學藏戰國竹簡（肆）》，頁 109。
〔註150〕蔡飛舟：〈清華簡《筮法》補釋〉，頁 16。

【表3-9】蔡飛舟所擬〈乾坤運轉〉吉凶規律表

		月朝		月中		月夕	
		前五日	後五日	前五日	後五日	前五日	後五日
乾	春	大吉	大凶	大吉	大凶	吉	
	夏	小吉	小凶	小吉	小凶	吉	
	秋	小凶	小吉	小凶	小吉	吉	
	冬	大凶	大吉	大凶	大吉	吉	
坤	春	吉		大吉	大凶	大吉	大凶
	夏	吉		小吉	小凶	小吉	小凶
	秋	吉		小凶	小吉	小凶	小吉
	冬	吉		大凶	大吉	大凶	大吉

不過，由於〈乾坤運轉〉簡文說明曖昧不清，因此也有學者不贊同整理小組的釋讀。

如程浩認為旬日「乾坤各返其所」後，乾、坤的運行並不會如上旬先行至巽再行至艮。其根據《說卦傳》第三章「天地定位，山澤通氣，雷風相薄，水火不相射」的卦序，推測若乾、坤移動至巽位的時間為晦日至初五的話，那二十五至晦日乾坤就應在震位，因為震卦為長男，與為長女的巽卦在月初、月底相對。而初五至初十如〈乾坤運轉〉的簡文所述，乾坤在少男艮卦的位置。而進入中旬時，應依序經過中男、中女的勞（坎）、羅（離）各五日。且根據陰陽交替循環的概念，在艮少男之後，中旬前五日應歷經中女羅（離）卦，後五日則歷經中男勞（坎）卦，餘下的少女兌卦自然可排進二十至二十五日的運行中，形成一陰一陽的排列規律。至於「旬，乾坤各返其所」程浩認為指乾坤二卦在十日、二十日、三十日都要回到各自的卦位。其繪有規律圖如下：〔註151〕

〔註151〕程浩：〈略論《筮法》的解卦原則〉，頁106。

【圖 3-5】程浩所擬〈乾坤運轉〉運行規律圖

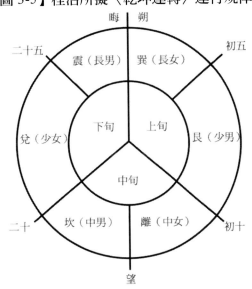

劉大鈞則疑〈乾坤運轉〉是以「天體納甲」的概念解釋月亮的盈虧。《周易參同契》可見到相似的理論：

> 三日出為爽，震庚受西方，八日兌受丁，上弦平如繩。十五乾體就，盛滿甲東方。……十六轉受統，巽辛見平明。艮值於丙南，下弦二十三。坤乙三十日，東北喪其朋。……壬癸配甲乙，乾坤括始終。〔註152〕

《周易集解》亦引虞翻注《繫辭上傳》：「懸象著明，莫大乎日月」云：

> 謂日月懸天，成八卦象。三日莫，震象出庚；八日，兌象見丁；十五日，乾象盈甲；十七日旦，巽象退辛；二十三日，艮象消丙；三十日，坤象滅乙；晦夕朔旦，坎象流戊；日中則離，離象就己，戊己土位，象見其中。「日月相推而明生焉」，故「懸象著明，莫大於日月」者也。〔註153〕

劉大鈞認為從〈享〉節「月朝純牝」、「月夕純牡」兩則筮例來看，「月朝純牝」自右上至左上皆是坤卦，左下為巽卦，可能象徵了虞翻天體納甲說中，「三十日坤象滅乙」至「十七日旦巽象退辛」月亮由虧轉盈的過程。「月夕純牡」右上至左上皆為乾卦，左下為艮卦，象徵了「十五日乾象盈甲」至「二

〔註152〕劉國樑注譯，黃沛榮校閱：《周易參同契》，臺北：三民書局，1999 年 11 月，頁 24、27、28。

〔註153〕【唐】李鼎祚：《周易集解》，頁 870～871。

十三日艮象消丙」月亮由盈轉虧的過程，進而推測「月朝」、「月夕」應是上下兩個半月的代稱，而非傳世文獻中常見各指十天的用法。〈乾坤運轉〉的「坤晦之日」顯然與「三十日坤象滅乙」的說法相合。「逆乾以長巽」指晦日後再過十四、五日到達巽，即「乾象盈甲」及「巽象退辛」。「內月五日舍巽，乾坤當艮」之「內」應讀為「納」，指「十七日旦，巽象退辛」後再加五日，也就是二十二日時，乾、坤脫離巽象，並繼續運行到達艮位，即所謂「二十三日艮象消丙」。「旬，乾坤乃各返其所」應指「二十三日艮象消丙」起算旬日內，往前八日可數至十五日的「乾象盈甲」，往後七日可數至三十日「坤象滅乙」。〔註154〕

王化平則認為「乾月夕吉，坤月朝吉」就已經隱含了「乾月朝凶，坤月夕凶」的概念，因此「坤晦之日逆乾以當巽」後的文字，明顯是在說明月中的吉凶判定，中旬共有十日，前五日吉凶合巽，後五日合艮。〔註155〕

蔡飛舟則認為整理小組逕自將乾坤的吉凶合於巽、艮的說法不確。其實〈乾坤運轉〉的簡文只說明乾、坤兩卦的移動規律，並沒有說明吉凶也合於艮、巽，再加上《筮法》中沒有筮例能證明整理小組的推測。故蔡飛舟轉而就包山楚簡較為完整的六則筮例中，具有乾卦或坤卦的五則筮例嘗試解之，發現整理小組的解釋於例大多不合，乾坤在月內具體的吉凶目前尚不得而知。〔註156〕

李尚信則認為〈乾坤運轉〉的理論不完整，有諸多令人費解之處，整理小組的解釋也多有不足或是互有矛盾。大致上有六處令人困惑的地方：其一、整理小組認為〈乾坤運轉〉是乾坤在四隅卦中移動，但簡文其實並未說明乾坤「僅在四隅移動」，整理小組沒有解釋乾坤為何只在四隅卦中移動而繞過四正卦。其二、一般來說卦象多是現實物象的反應，這個運動規律究竟展現了什麼現實物象？似乎難以辨明。其三、整理小組在第三節「月朝純牝」、「月夕純牡」的筮例中說巽卦「陰爻居其三爻第一爻位」，故對應「月朝」。艮卦「陰爻在第三爻位」，故為「月夕」，顯然把巽卦定為月朝，艮卦定為月夕，但〈乾坤運轉〉的解釋卻說巽、艮都在上旬出現，對於「月朝」、「月夕」的解釋前後不一。其四、整理小組認為〈乾坤運轉〉的運動在中、下旬亦是如此，但

〔註154〕劉大鈞：〈讀清華簡《筮法》〉，頁7～8。
〔註155〕王化平、周燕：《萬物皆有數：數字卦與先秦易筮研究》，頁234～235。
〔註156〕蔡飛舟：〈清華簡《筮法》補釋〉，頁16～18。

簡文實際上並沒有說明中、下旬的規律，故中、下兩旬乾坤是否也按照這個規律移動十分可疑。其五、從簡文來看，乾坤是兩個運動實體，在月相的變化中導入其運動，這個模式與《春秋繁露》將一年四季理解成陰、陽兩個實體運動的結果有著相同的思路。這兩個實體可能每月交會一次並一起移動造成月相變化，但乾坤於五日相交時，月亮早已發光了，也就是說〈乾坤運轉〉的乾坤交會，與實際的月相變化無法對應。其六、既然〈乾坤運轉〉有「坤晦」，那自然當有「乾望」。李尚信認為坤晦居西，乾望居東，「坤晦之日，逆乾以長巽」指坤開始向東移動，乾開始向西移動。五日後會合，坤在巽順乾即為「長巽」。「入月五日舍巽，乾坤當艮」指五日後乾坤開始分離返回各自的居所並止之，艮有止象，故曰「長艮」。只不過如果《筮法》的作者早已知道坤晦、乾望的概念，那麼應當也知道月象與其他六卦的對應關係，為何不使用相對完善的理論，而另造一個不完整的理論同樣令人費解。〔註157〕

綜上所論，〈乾坤運轉〉的規律以月為主這點應無疑義，只不過大部份的學者都將「月朝」、「月夕」解讀成傳世文獻常見的「上旬」、「下旬」，認為其循環可以細分為上、中、下三旬。然而，從《筮法》的簡文來看，「月朝」、「月夕」很有可能如劉大鈞所說，分指上、下兩個半月，而非指上、下旬。如〈享〉節有「月朝純牝」、「月夕純牡」；〈貞丈夫女子〉有「月夕乾之萃」、「月朝坤之萃」的筮例，都只言月朝、月夕而不見月中。若此處的月朝、月夕分別指上、下旬，那麼在月中時占「享」、「貞丈夫女子」時又該如何解讀呢？由於這兩種命辭都用了〈乾坤運轉〉的概念解卦，鑑於《筮法》的性質是一部說明解卦法的列舉性筮書，若月中吉凶與月朝、月夕不同，那麼《筮法》應在筮例中加以說明。就此來看，雖然傳世文獻中的「月朝」、「月夕」多指上下旬，但在此很有可能是上下半月的代稱。若此，「乾月夕吉，坤月朝吉」則指乾在下半月為吉，坤在上半月為吉。

「坤晦之日」以後的文字很有可能是對「乾月夕吉」、「坤月朝吉」的補充說明，只是這個說明本身並不清楚，有諸多疑點。「坤晦之日，逆乾以長巽」中的「長」根據第二章的解析可知應如字讀，有消長之義，指坤卦迎著乾卦消長移動到巽位。整理小組認為此時乾、坤兩卦的吉凶合於巽卦，但這個說法如蔡飛舟所言，〈乾坤運轉〉中並沒有提到乾、坤兩卦運動到巽、艮的時候，其

〔註157〕李尚信：〈關於清華簡《筮法》的幾處困惑〉，頁58～60。

吉凶也應合於巽、艮。從簡文來看，〈乾坤運轉〉明確提到乾、坤吉凶者，確實只有「乾月夕吉」、「坤月朝吉」。後文的「長巽」、「長艮」嚴格來說僅可確定乾、坤兩卦的移動位置，未必有乾、坤的吉凶合於艮、巽的意思。

「入月五日舍巽，乾坤長艮」則指乾、坤二卦於初五移動到巽位後，隨即離開巽位往艮位移動。只不過如李尚信所說，簡文並沒有詳述乾、坤的運行究竟有沒有經過四正卦，因此目前尚不能明白〈乾坤運轉〉的規律是否與四正卦有關。從本節最後一句「乾坤乃各返其所」來看，乾、坤兩卦有固定的起始位置，雖然這位置在何處於〈乾坤運轉〉中並未說明，不過乾、坤、艮、巽正好都是卦位圖的四隅卦，或可假設〈乾坤運轉〉的吉凶即是以〈卦位圖〉的卦位為基礎，也就是說乾、坤的起始位置很有可能就是〈卦位圖〉乾、坤所在的位置。事實上，如果不用〈卦位圖〉來解釋〈乾坤運轉〉規律的話，那這個問題將更加複雜難解。因為除了〈卦位圖〉之外，《筮法》再無其它與卦位有關的內容。雖然〈人身圖〉也算是一種卦位的展現，但很難拿來解釋〈乾坤運轉〉的規律。倘若〈乾坤運轉〉與〈卦位圖〉無關，那麼乾、坤的出發點在何處？巽、艮的位置又在哪裡？這些問題的討論將失去立足點，因此〈乾坤運轉〉的規律目前僅能從〈卦位圖〉來談。若此，那麼確實如李尚信所說，不好解釋其運行為何跳過四正卦只談四隅卦。

「旬，乾坤乃各返其所」中的「旬」若指上、下兩個半月，那就代表了〈乾坤運轉〉的規律並非以十日為期。若此，則「旬」在此很有可能指「經過旬日」而非指「初十（旬日）」這一天。傳世文獻中也常見用旬來代表時間流逝十天的用法。如《禮記‧文王世子》：「文王有疾，武王不脫冠帶而養。文王一飯，亦一飯；文王再飯，亦再飯。旬有二日乃間。」〔註158〕《呂氏春秋‧士容論‧任地》：「冬至後五旬七日，菖始生，菖者百草之先生者也，於是始耕。」〔註159〕另外，《清華八‧八氣五味五祀五行之屬》中有一段和節氣有關的文字，也是用「旬」來計算各節氣的間隔時間：「自冬至以算六旬發氣，自發氣之日二旬又五日木氣竭。進退五日，自竭之日三旬又五日甘露降。自降之日二旬又五日草氣竭。進退五日，自草氣竭之日二旬又五日不可以稱火。或一旬日北至，或六旬白露降，或六旬霜降，或六旬日南至。」〔註160〕據此，

〔註158〕【漢】鄭玄注，【唐】孔穎達等正義：《禮記正義》，頁391。
〔註159〕【漢】高誘注：《呂氏春秋》，頁741。
〔註160〕末句「或六旬日南至」原句為「或六旬日北至」，此處的日北至應為日南至

這裡的「旬」字或許指初五乾、坤離開巽位後移動到艮位的時間。由於整理小組將「長」讀為「當」,「坤晦之日逆乾以當巽」、「入月五日舍巽,乾坤當艮」讀起來像是乾、坤在晦日就已經移動到巽位,自初五離開巽位後就瞬間移動到艮位一般。事實上,如果〈乾坤運轉〉的規律是要模擬兩個實體運動,那麼乾、坤的運行應也需要一定時間,絕不可能在開始運行時就馬上移動到巽位。〔註161〕同理,乾、坤「各返其所」也不會只在初十就完成。因此,筆者推測「五日」、「旬」其實都是指乾、坤運行到巽、艮的所需時間。「坤晦之日逆乾以長巽,入月五日舍巽」指坤卦在晦日時朝巽位移動,至初五時經過並離開巽位。「乾坤長艮,旬,乾、坤乃各返其所」則指乾、坤移動到艮位則需要十天,之後乾、坤又開始移動回到各自的居所。就此來看,可知乾、坤移動到艮卦的週期應非一旬,而是半個月。移動到巽位需要五日,再移動到艮位需要十日,共計十五日。而「乾坤各返其所」的移動規律,〈乾坤運轉〉中並未詳細說明,或可猜測所需的時間也是半個月。若此,那這個規律就與「乾月夕吉」、「坤月朝吉」將吉凶分為上、下兩個半月的時間性相符。

　　只不過,這種解釋其實也有幾個問題,其一、傳世文獻中並沒有找到「月朝」、「月夕」分指上、下兩個半月的詞例。較早提到「月朝」、「月夕」的文獻是《荀子‧禮論》:「月朝卜日,月夕卜宅,然後葬也。」楊倞注曰:「月朝,月初也。月夕,月末也。先卜日之其期,然後卜宅,此大夫之禮也。」〔註162〕將月朝、月夕解讀為月初、月末,並沒有分指上、下兩個半月的意思。其二、「長巽」、「長艮」的時間並不一致,為何坤卦移動至巽位只要五日而移動到艮位卻需要十日?假設這個移動是在〈卦位圖〉上進行,坤卦移動至巽位會經過勞(坎)位,而巽位移動到艮位會經過震位,坤與巽、巽與艮之間都相隔一卦,為何由巽移動到艮的時間為坤移動到巽的兩倍,此亦難解。其三、如李尚信所言,〈乾坤運轉〉實際上並沒有說明「乾坤各返其所」的規律,在此僅能就坤移動到對角艮卦的時間需要半個月而推估返回亦須要半個月,而是否真的如此,以及乾、坤在下半月具體如何運轉,目前尚不得而知。其四、由於運轉理論的不完整,故目前也很難從這個規律中得出「乾月夕吉」、「坤

　　　　之誤。李學勤主編:《清華大學藏戰國竹簡(捌)》,上海:中西書局,2018年
　　　　11月,頁158。
〔註161〕這也是「長」不應讀為「當」的其中一個原因。
〔註162〕【清】王先謙撰:《荀子集解》,頁361～362。

－213－

月朝吉」的原因。其五、按照這個理論，乾卦的運動規律無疑相當混亂，根據簡文所揭示的運動軌跡來看，乾、坤兩卦應是逆時針運動的，但乾卦至巽卦隔了兌、坤、勞（坎）三卦，但卻也在初五時就移動到巽位，顯現乾、坤兩個運動實體的移動速率不一。然而，下文「乾坤長艮」的過程，兩卦的運動速率似乎又是一致的，產生了乾卦移動速率前後不一的問題。當然這是假設乾、坤於〈卦位圖〉上移動才會產生的問題，若照整理小組的解釋則沒有這個疑問。只不過如同前述一直強調的問題，如果〈乾坤運轉〉與〈卦位圖〉明顯有關，那為什麼乾坤不經過四正卦呢？由此可見，〈乾坤運轉〉本身的理論說明並不夠完整，還有許多謎團。此處僅僅是就〈乾坤運轉〉本身的文意結合《筮法》的簡文內容做出猜測，未必正確。〈乾坤運轉〉實際上能確定的內容，只有乾於月夕為吉，坤於月朝為吉這點，其餘問題只能等待未來出現更多材料才能加以釐清。

《筮法》中與〈乾坤運轉〉相關的筮例如下：

出　處	卦　畫	占　辭	簡　序
〈享〉1		凡享，月朝純牝，乃饗。	1-2
右上至左上皆為坤卦，結果為饗，與〈乾坤運轉〉「坤月朝吉」的吉凶相符。			
〈享〉2		月夕純牡，乃亦饗。	3-4
右上至左上皆為坤卦，結果為饗，與〈乾坤運轉〉「乾月夕吉」的吉凶相符。			
〈貞丈夫女子〉1		凡貞丈夫，月夕乾之萃，乃純吉，無春夏秋冬。	24-31
〈貞丈夫女子〉2			

〈貞丈夫女子〉3			
〈貞丈夫女子〉4			
第一、二例的右上至左上，第三、四例的右卦皆為乾卦，「乾月夕吉」故結果為吉。			
〈貞丈夫女子〉5			
〈貞丈夫女子〉6		凡貞女子，月朝坤之萃，乃純吉，無春夏秋冬。	24-31
〈貞丈夫女子〉7			
〈貞丈夫女子〉8			
四例的右上至左上皆為坤卦，「坤月朝吉」故結果為吉。			

　　整理小組原將〈享〉節的「月朝」、「月夕」解為卦象：「前一卦例左下是巽，陰爻居其三爻第一爻位，故云『月朝』；後一卦例左下乃艮，陽爻在第三爻位，故云『月夕』。」〔註163〕但綜合〈貞丈夫女子〉的筮例來看，「月夕乾之萃」的4則筮例有2則沒有出現艮卦；「月朝坤之萃」的4則筮例更多達3則沒有出現巽卦，故推測〈享〉節的「月朝」、「月夕」也應指時間，兩者都運用了〈乾坤運轉〉「乾月夕吉；坤月朝吉」的概念來判斷吉凶。

　　此外，這10則筮例中有8例的右上至左上三個卦位都出現了乾／坤卦，

─────────────

〔註163〕李學勤主編：《清華大學藏戰國竹簡（肆）》，頁85。

但〈貞丈夫女子〉例3、4的左上卦都不是乾卦，僅有右卦上、下為乾。這似乎說明了只要在月朝／月夕時占得其中一側的上、下卦皆出現坤／乾，就構成「純吉」之象，不一定要在四位中超過三卦，只不過筮例中只有集中在右卦的案例，故未知若集中在左卦或上下卦時是否也構成「純吉」的卦象。

（二）六子卦吉凶—〈四季吉凶〉

〈四季吉凶〉主要講述了六子卦的吉凶，其簡文如下：

> 春：來（震）巽大吉，勞小吉，艮羅大凶，兌小凶。
> 夏：勞大吉，來（震）巽小吉，艮羅小凶，兌大凶。
> 秋：兌大吉，艮羅小吉，勞大凶，來（震）巽小凶。
> 冬：艮羅大吉，兌小吉，來（震）巽大凶，勞小凶。

> 凡筮志事及軍旅，乃惟凶之所集於四位是視，乃以名其凶。

根據簡文，可整理出吉凶規律如下表：

【表3-10】《筮法》四季吉凶規律表

	春	夏	秋	冬
大吉	震巽	坎	兌	艮離
小吉	坎	震巽	艮離	兌
大凶	艮離	兌	坎	震巽
小凶	兌	艮離	震巽	坎

從表格可知六子卦以四季作為吉凶轉換的基準，大體以當季卦為大吉，而巽從屬於震為春、為木；艮從屬於羅（離）為冬、為水，這點在〈雨霽〉例2中可證。王化平認為大吉、小吉、大凶、小凶的安排有兩種可能，一是與五行相生有關，如春季的震、巽屬木為大吉，小吉為勞（坎）屬火，木生火。而夏天則變為勞（坎）大吉，而屬木的震、巽則為小吉。秋、冬亦然。二是將「震巽」、「艮羅（離）」分為一組，兩者都是兩卦對應一季；「勞（坎）」、「兌」一組，兩者皆是一卦對應一季，而這兩組的吉凶正好相反，震、巽大吉時艮、羅（離）為大凶；震、巽小吉時艮、羅（離）為小凶；震、巽小凶時艮、羅（離）為小吉；震、巽大凶時艮、羅（離）為大吉，「勞（坎）」與「兌」的關係與此相同。〔註164〕只不過，張克賓認為〈四季吉凶〉的規律

〔註164〕王化平、周燕：《萬物皆有數：數字卦與先秦易筮研究》，頁213。

與五行生剋無關，如春季震、巽為大吉，我生者勞（坎）為小吉，生我者艮、羅（離）為大凶，剋我者兌為小凶。但秋季以兌為大吉卻變成我生者艮、羅（離）為小吉，剋我者勞（坎）為大凶、我剋者震、巽為小凶。其五行生剋的規律並不一致，夏、冬兩季亦同，〔註165〕王化平雖然發現小吉、大吉；小凶、大凶之間的卦有相生關係，但如張克賓所言，〈四季吉凶〉的規律當與五行生剋無涉。此外，張克賓提出另一個觀點，認為〈四季吉凶〉是依照四時運行的角度來排列六子卦的吉凶，其中春、秋兩季「大吉→小吉→小凶→大凶」的吉凶規律為「春→夏→秋→冬」、「秋→冬→春→夏」，就季節順序來看皆為順行。夏、冬兩季的吉凶規律為「夏→春→冬→秋」、「冬→秋→夏→春」皆為逆行，體現了時序吉凶順逆交合間變通趣時的精神。〔註166〕

事實上，就其規律來看，可以發現震、巽與勞（坎）同為吉或同為凶；兌與艮、羅（離）亦同為吉凶。《管子·形勢解》云：「春者陽氣始上，故萬物生。夏者陽氣畢上，故萬物長。秋者陰氣始下，故萬物收。冬者陰氣畢下，故萬物藏。故春夏生長，秋冬收藏，四時之節也。」〔註167〕震、巽為春，勞（坎）為夏，皆是陽氣漸長的季節；兌為秋，艮、羅（離）為冬，皆為陰氣漸滋的季節，也就是說〈四季吉凶〉的規律安排應與陰陽二氣的消長有關。從簡文可知，大吉者皆為當季之卦，而與之陰陽規律相同的季節卦也同為吉凶，而與之對應的大凶卦皆為陰陽消長相反的季節，推測〈四季吉凶〉的吉凶安排，可能與此陰陽消長的變化律有關。

除了〈四季吉兇〉本身的規律之外，其中所揭示的八卦五行對應也與後世大有不同。現今八卦與五行的對應，大體以震、巽為木，離為火，乾、兌為金，坎為水，坤、艮為土。如《周易折中》解《說卦傳》「帝出乎震」章時引項安世言：

> 震巽二木主春，故震在東方，巽東南次之；離火主夏，故為南方之卦；兌乾兩金主秋，故兌為正秋，乾西北次之；坎水主冬，故為北方之卦。土王四季，故坤土在夏秋之交，為西南之卦，艮土在冬春之交，為東北方之卦。〔註168〕

〔註165〕張克賓：〈論清華簡《筮法》卦位圖與四時吉凶〉，頁15～16。
〔註166〕張克賓：〈論清華簡《筮法》卦位圖與四時吉凶〉，頁16。
〔註167〕黎翔鳳：《管子校注》，頁85。
〔註168〕劉大鈞整理：《周易折中》，頁1015。

其中清楚可見八卦與五行、四時、方位的對應，整理如下表：

【表3-11】項安世「帝出乎震」八卦、方位、五行、時序對應表

八卦	震	巽	離	坤	兌	乾	坎	艮
方位	東	東南	南	西南	西	西北	北	東北
時序	春	春	夏	夏秋之交	秋	秋	冬	冬春之交
五行	木	木	火	土	金	金	水	土

上表對應與〈卦位圖〉、〈四季吉凶〉相比較，可發現三點不同：其一、坎離兩卦的屬性倒反。其二、乾不納金且坤卦不納土。其三，艮卦不屬土而屬水。關於第一點坎離倒反的原因前文已述，在此針對第二及第三點進行討論。

1. 乾、坤的五行對應

關於乾坤兩卦的五行分屬，學界有不同的看法，但筆者認為乾、坤兩卦在《筮法》中不納五行，既不納木、火、金、水也不納土。

（1）乾坤不納木、火、金、水

關於乾、坤兩卦與五行的配屬問題，王化平有較深入的論述，其認為乾、坤兩卦的五行配屬，應如後世以乾為金、坤為土。如此一來，〈卦位圖〉的五行規律就比後天八卦圖更加符合五行相生之序，形成「土（坤）→金（兌、乾）→水（羅、艮）→木（震、巽）→火（勞）」的相生循環。〔註169〕然而，從上文所引項安世之說，可以發現後世以乾卦為金、巽卦為木的原因，其實與《筮法》艮屬水，巽屬木相同，皆是將隅卦的五行從於正卦的五行，巽卦在春震、夏離之間，故其五行與震同屬於木，乾卦在秋兌、冬坎之間，故其五行與兌同屬於金。在〈四季吉凶〉中，乾卦卻不與兌卦一組。王化平推測這是〈四季吉凶〉本身為了避免坤卦獨立在外的矛盾而做的調整。如上所述，〈四季吉凶〉中的八卦分組可以將震巽、艮羅（離）分為一組，為兩卦對應五行之一；勞（坎）、兌可為一組，為是一卦對應五行之一。如果將乾、坤也納入〈四季吉凶〉，就產生不可調和的矛盾，乾金固然可與兌一組，但坤土卻無著落，既不可單列也不能與勞（坎）同組，因此先將坤排除在〈四季吉凶〉之外。若坤被排除，則與坤相對的乾卦也應被排除在外，使〈卦位圖〉的規律合於上述的分組。此外，王化平還認為《筮法》將乾、坤兩卦排除在

〔註169〕王化平、周燕：《萬物皆有數：數字卦與先秦易筮研究》，頁 213、219～220。

〈四季吉凶〉外的原因，還有可能是出於「土王四季」的考量，從〈乾坤運轉〉可以看到坤卦屬土遊行於四隅之間，因此《筮法》並非沒有土（坤）的位置，而是四時（或每個月）中都有土（坤）。〔註170〕

　　然而，依此邏輯來看，乾卦屬金亦在四隅卦中運動，那麼除了「土王四季」之外，「金王四季」說似乎亦可成立，故此說稍欠妥當。事實上從乾、坤皆被排除在〈四季吉凶〉外這點來看，應可推測乾、坤兩卦並不屬於木、火、金、水中的任何一行。就算乾、坤兩卦配有五行，那麼乾卦也不應屬金。〈乾坤運轉〉和〈四季吉凶〉的分別，其實就是父母卦與六子卦的區別，乾、坤同見於〈乾坤運轉〉中，地位應當相同。因此乾、坤倘若與五行相配，那只可能將兩者皆配於同樣不見於〈四時吉凶〉中的土，而非〈四季吉凶〉中可見的金。只是從《筮法》對乾、坤的描述來看，乾、坤兩卦也應不配土。

（2）乾坤亦不納土

　　事實上，已有學者提出乾、坤應當屬土的猜測，如子居認為〈卦位圖〉中的隅卦皆從屬於前一正卦的五行，僅抽去乾坤兩卦，故推測兩卦歸於土。〔註171〕陳睿宏則疑「乾坤為推變六子的主體，或當布列中央土。」只是「文獻未載，不能知其所然。」〔註172〕然而，《筮法》的筮例雖然多應用了乾坤六子的概念，但卻找不到乾、坤屬土的明證。

　　綜觀《筮法》所列的 57 則筮例中就有 14 則使用父母六子來判斷吉凶，顯現《筮法》相當注重父母六子的概念。孔穎達《周易正義》疏《說卦傳》第十章云：「以乾坤為父母而求其子也，得父氣者為男，得母氣者為女。」〔註173〕說明六子卦皆是由乾、坤推變而來，故稱之為父母卦。而《筮法》又特別強調乾、坤兩卦的陰陽概念，如〈得〉節例 7 就將乾、坤兩卦稱為陽、陰。另外，從〈貞丈夫女子〉節「無春夏秋冬」的占辭中可知，在某些條件下乾、坤的吉凶超脫於四季之外。事實上，乾、坤本就是陽、陰的代表，這也是其為父母卦的原因，而六子卦為乾坤所生，被《筮法》納入四時系統之中，這容易使人聯想到《管子・四時》以陰陽為四時之本的概念：「是故陰陽者，天地之大理也。四時者，陰陽之大徑也。」〔註174〕此處說明四時乃

〔註170〕 王化平、周燕：《萬物皆有數：數字卦與先秦易筮研究》，頁 213～214。

〔註171〕 子居：〈清華簡《筮法》解析（修訂稿上）〉，頁 27。

〔註172〕 陳睿宏：〈清華大學藏戰國竹簡《筮法》論譚〉，頁 196。

〔註173〕 【魏】王弼、韓康伯注、【唐】孔穎達等正義：《周易正義》，頁 185。

〔註174〕 黎翔鳳：《管子校注》，頁 838。

陰陽運行的軌跡，顯現陰陽的層次當在四時之上。五行中的土雖然也有「輔於四時」的功能，但其仍然屬於四時的範疇，與陰陽的層次有別。故推測乾坤並沒有配以土，而是單純指陰陽，雖然從《筮法》中很難看出乾坤與四時運行的關係，但應可推測乾坤並沒有與土相配。

此外，亦有學者從方位的角度推斷乾、坤並無與土對應。如李宛庭認為文獻中常見以土為中央，而《筮法》並未使用中央的概念，因此與中央相配的土也應未列其中。〔註175〕梁韋弦則認為《筮法》將五行的木、火、金、水置於東、南、西、北與震、勞、兌、羅相對應，而這個結構因八卦列於八方，導致中央土無卦可配，便將土省略。〔註176〕其說當是，《筮法》乾、坤的卦位與《說卦傳》「帝出乎震」章的方位相同，坤卦在西南方、乾卦在西北方。先秦文獻多將土安排在中央之位，時序則安排於季夏之末，〔註177〕實際上這種安排本身就有方位上的混亂，夏季本與南方對應，但為了將「土—中央」的對應安排至其中，改易了原本「夏—南方」的對應。同理，若將土配以乾、坤，在方位上就會產生土同時對應中央、西北、西南的混亂現象，由此亦可知乾、坤兩卦應未配屬土。

2. 艮卦屬水

《筮法》中艮卦不屬土的原因應與乾、坤相同，因為「四時—四方」的對應體系並沒有使用中央的概念。然而，艮卦屬水的原因學界論述不多，因為傳世文獻中並未發現艮卦屬水同時又符合〈卦位圖〉規律的記載。單就艮卦屬水這點，也僅有唐代楊筠松《天玉經·外篇》有相關內容：「申屬火，艮屬水，是水克火也，克者損人丁。」〔註178〕《四庫全書總目提要》云：「外篇專言四經五行，其以子寅辰乾丙乙為金，午申戌坤壬辛為木，卯巳丑艮庚丁為水，酉亥未巽甲癸為火，又謂之天空卦，亦莫能明其所以然。」〔註179〕雖

〔註175〕李宛庭：《清華大學藏戰國竹簡（肆）·筮法研究》，頁119。

〔註176〕梁韋弦：〈有關清華簡《筮法》的幾個問題〉，頁20。

〔註177〕如《禮記·月令》：「季夏之月，其日丙丁，其帝炎帝，其神祝融。……中央土，其日戊己，其帝黃帝，其神后土。」將土歸於季夏之後，《禮記正義》曰：「土則每時輒寄王十八日也，雖每分寄而位本未，宜處於季夏之末，金火之間，故在此陳也。」【漢】鄭玄注，【唐】孔穎達等正義：《禮記正義》，頁318～321。

〔註178〕【唐】楊筠松：《天玉經》，收錄於商務印書館四庫全書出版工作委員會編：《四庫全書》，第267卷，頁612。

〔註179〕商務印書館四庫全書出版工作委員會編：《四庫全書》，第267卷，頁601。

然此處出現艮卦屬水的記載，但除了艮屬水之外，其餘三卦的五行規律皆與
《筮法》不同，難以作為艮卦屬水的參證。除此之外，也只有張克賓提到：
「納甲筮法的生旺墓絕中，土與水一致，生於申、旺於子，墓於辰，絕於巳。
就此而論，《筮法》將艮之四時吉凶從屬於水，在後世易占中也仍有所見。……
《筮法》……明確以艮為水，則《筮法》又不是將艮土之吉凶從於離水，而是
認為艮卦就屬水，這又與『納甲筮法』不同。」〔註180〕只是除了「土同屬於
水」之外，傳世文獻中還可找到「土從屬於火」的生旺墓絕說，如蕭吉《五行
大義》記載火、土二行皆是「受氣於亥，胎於子，養於丑，生於寅，沐浴於
卯，冠帶於辰，臨官於巳，王於午，衰於未，病於申，死於酉，葬於戌。」〔註
181〕可見生旺墓絕在後世有不同的對應，亦難以作為《筮法》艮屬水的佐證。

後世最早見八卦與四季、五行相配的文獻為《尚書大傳》，其艮卦並非如
後世直接配以五行中的土，其文如下：

> 東方之極，自碣石東，至日出榑木之野，帝大皥，神句芒司之。自
> 冬日至，數四十六日，迎春於東堂，距邦八裏。堂高八尺，堂階八
> 等，青稅八乘，旂旐尚青，田車載矛，號曰助天生。倡之以角，舞
> 之以羽，此迎春之樂也。
>
> 孟春之月，御青陽左個，禱用牡，索祀於艮隅，貌必恭，厥休時雨，
> 朔，令曰挺群禁，開閉闔，通窮室，達障塞，待優游，其禁毋伐林
> 木。
>
> 仲春之月，御青陽正室，牲先脾，設主於戶，索祀於震正，朔，令
> 曰棄怒惡，解役罪，免憂患，休罰刑，閉關梁，其禁田獵不宿，飲
> 食不享，出入不節，奪民農時及有姦謀。
>
> 季春之月，御青陽右個，薦用鮪，索祀於巽隅，朔，令曰宣庫財，
> 和外怨，撫四方，行柔惠，止剛強，九門磔禳，出疫於郊，以禳春
> 氣。
>
> 南方之極，自北戶南，至炎風之野，帝炎帝，神祝融司之。自春分，
> 數四十六日，迎夏於南堂，距邦七里。堂高七尺，堂階七等，赤稅
> 七乘，旂旐尚赤，田車載弓，號曰助天養。倡之以征，舞之以鼓鼙，

〔註180〕張克賓：〈論清華簡《筮法》卦位圖與四時吉凶〉，頁17。
〔註181〕【隋】蕭吉：《五行大義》，收錄於嚴一萍選輯：《百部叢書集成》（臺北：藝
文印書館，1966年），卷二頁4～5。

此迎夏之樂也。

孟夏之月，御明堂左個，嘗麥用彘，索祀於巽隅，視必明，厥休時燠，朔，令曰爵有德，賞有功，惠賢良，舉力農，其禁毋隳防。

仲夏之月，御明堂正室，牲先肺，設主於竈，索祀於離正，朔，令曰振貧窮，惠孤寡，慮休疾，出大祿，行大賞，其禁棄法律，逐功臣，殺太子，以妾為妻，乃令民雩。

季夏之月，御明堂右個，牲先心，設主於中霤，索祀於坤隅，思必睿，厥休時風，朔，令曰起毀宗，立無後，封廢國，立賢輔，恤喪疾。

中央之極，自昆侖中，至大室之野，帝黃帝，神后土司之。土王之日，禱用牲，迎中氣於中室，樂用黃鐘之宮，為民祈福，命世婦治服章，令民口虐。其禁治宮室，飾臺榭，內淫亂，犯親戚，侮父兄。

西方之極，自流沙西，至三危之野，帝少皞，神蓐收司之。自夏日至，數四十六日，迎秋於西堂，距邦九里。堂高九尺，堂階九等，白稅九乘，旌旄尚白，田車載兵，號曰助天收。倡之以商，舞之以干戚，此迎秋之樂也。

孟秋之月，御總章左個，嘗穀用犬，索祀於坤隅，言必從，厥休時陽，朔，令曰審用法，備盜賊，禁姦邪，飭群牧，謹貯聚，其禁毋弛戎備。

仲秋之月，御總章正室，牲先肝，設主於門，索祀於兌正，朔，令曰謹功築，遏溝瀆，修囷倉，決刑獄趣收斂，其禁好攻戰，輕百姓，飾城郭，侵邊竟，乃令民收釀，庶畢入于室，日時殺將至，毋懼其菑。

季秋之月，御總章右個，薦用田禽，索祀於乾隅，朔，令曰除道路，守門閭，陳兵甲，戒百官，誅不法，除道成梁，以利農夫。

北方之極，自丁令北，至積雪之野，帝顓頊，神元冥司之。自秋分，數四十六日，迎冬於北堂，距邦六里。堂高六尺，堂階六等，黑稅六乘，旌旄尚黑，田車載甲鐵，號曰助天誅。倡之以羽，舞之以干戈，此迎冬之樂也。

孟冬之月，御玄堂左個，祈年用牲，索祀於乾隅，聽必聰，厥休時寒，朔，令曰申群禁，修障塞，畢積聚，系牛馬，收澤賦，其禁毋

作淫巧。

仲冬之月，禦玄堂正室，牲先腎，設主於井，索祀於坎正，朔，令日搜外徒，止夜樂，誅詐偽，省醞釀，謹閉關，其禁簡宗廟，不禱祀，廢祭祀，逆天時，乃令民罷土功。

季冬之月，禦玄堂右個，薦用魚，索祀於艮隅，朔，令日省牲牷，修農器，收秸薪，築囹圄，謹蓋藏，乃大儺以禳疾，命國為酒，以合三族，君子說，小人樂。〔註182〕

從中可見四正卦皆是一卦對應一月，震卦對應仲春、離卦對應仲夏、兌卦對應仲秋、坎卦對應仲冬。再參看《禮記·月令》及《呂氏春秋》中相似的內容，可以發現四正卦所對應的月份，就是二分二至所在的月份。換言之，這套對應體系實際上是先將四正卦與節氣中的二分二至對應起來。其餘四隅卦則分別對應餘下的八個月份。巽卦配以季春、孟夏；坤卦配以季夏、孟秋；乾卦配以季秋、孟冬；艮卦配以季冬、孟春。若從五行的角度來看，《禮記·月令》基本上以春三季為木，孟夏、仲夏為火，季夏為火但其末又為土，〔註183〕秋三季為金，冬三季為水：

孟春之月，……某日立春，盛德在木，……立春之日，天子親帥三公，……以迎春於東郊……；孟夏之月，……某日立夏，盛德在火，……立夏之日，天子親帥三公，……以迎夏於南郊……；季夏之月……中央土……；孟秋之日，……某日立秋，盛德在金，……於立秋之日，天子親帥三公，……以迎秋於西郊……；孟冬之月，秋秋某日立冬，盛德在水，……立冬之日，天子親帥三公，……以迎冬於北郊。〔註184〕

綜合《尚書大傳》、《禮記·月令》中八卦、五行、十二月、節氣的對應可整理成下表：

〔註182〕【漢】伏生撰、【漢】鄭玄注：《尚書大傳》，卷下頁3～6。

〔註183〕《禮記·月令》的季夏之月仍配屬了丙丁、炎帝、祝融、徵、林鐘、數七、苦、灶等象，與孟夏、仲夏二月相同，可見《禮記·月令》的季夏仍屬火，只是土沒有位置可放，故將之歸於季夏之末，火金之間。直到上述《尚書大傳》、《淮南子·時則訓》就逕將季夏之月配以中央土，捨去火象。《淮南子》文請見何寧：《淮南子集釋》，頁405。

〔註184〕【漢】鄭玄注，【唐】孔穎達等正義：《禮記正義》，頁286、307、321、323、341。

【表3-12】傳世文獻八卦與五行、季節對應表

月　份	節　氣	五　行	八　卦
孟春	立春	木	艮
仲春	春分	木	震
季春		木	巽
孟夏	立夏	火	巽
仲夏	夏至	火	離
季夏		土〔註185〕	坤
孟秋	立秋	金	坤
仲秋	秋分	金	兌
季秋		金	乾
孟冬	立冬	水	乾
仲冬	冬至	水	坎
季冬		水	艮

從此來看，《尚書大傳》四正卦的對應與後世相同，震為春、為木；離為夏、為火；兌為秋、為金；坎為冬、為水。而四隅卦的對應則產生了一卦對應兩個季節的狀況，如艮卦同時對應了季冬、孟春兩季，季冬為水，孟春為木。由此可見八卦與十二月的對應，是以四正卦為經緯，四隅卦最一開始只是附於四正卦之後與餘下的月份產生對應，才會出現這種狀況。〈卦位圖〉只明說了四正卦的四時、四方、五行、五色的對應，卻沒有提及四隅卦，也證明這個對應最早是從四正卦開始的。而《筮法》中八卦的對應也只簡單地將四時區分為春、夏、秋、冬，並沒有像《禮記‧月令》和《尚書大傳》一般細分為十二個月。艮卦屬水的原因應如《尚書大傳》將四隅卦配以仲春、仲夏、仲秋、仲冬以外的八個月一樣，皆是用來填補八卦與四時運行規律的空缺。由於艮卦夾在羅（離）冬之後，震春之前，故其季節、五行也跟隨羅（離）卦與之相同。〔註186〕

　　《筮法》中運用〈四季吉凶〉的相關筮例如下：

〔註185〕如註183所言，在《禮記‧月令》中土僅僅是附於季夏之末，但到《尚書大傳》中就已經以土配整個季夏之月。

〔註186〕此處關於經卦五行的論述，筆者曾於東華大學舉辦之奇萊論衡研討會中發表，請參拙作〈從《筮法‧卦位圖》與《說卦傳‧帝出乎震》之差異談易卦與五行對應體系的流變〉，頁158～162。

出　處	卦　畫	占　辭	簡　序
〈死生〉3		三吉同凶，待死。	5-6
右上至左上震、勞（坎）、勞（坎）為吉，左下兌為凶，故曰「三吉同凶」。			
〈死生〉4		三凶同吉，待死。	7-8
右上至左上兌、兌、羅（離）為吉，左下震為凶，故曰「三凶同吉」。			
〈死生〉5		三吉同凶，惡爻處之，今焉死。	9-10
右上至左上震、勞（坎）、勞（坎）為吉，左下兌為凶，故曰「三吉同凶」。			
〈死生〉6		三凶同吉，惡爻處之，今焉死。	11-12
右上至左上兌、兌、羅（離）為吉，左下艮為凶，故曰「三凶同吉」。			

這四卦的吉凶判定與〈四季吉凶〉一致，整理小組認為此符合春季的規律。〔註187〕但蔡飛舟發現實際上夏季的吉凶規律也符合這四則筮例的各卦吉凶，〔註188〕因此這四則筮例的占卜時間可能是春季也可能是夏季。

　　除此之外，李尚信提及了這四則筮例不論是「三吉同凶」或「三凶同吉」，筮占的結果似乎都不好。四位卦的吉凶組合可能有五種狀況：四卦皆吉、四卦皆凶、三吉同凶、三凶同吉、二吉二凶。其中四卦皆凶結果卻為吉的機會不大，而三吉同凶、三凶同吉的結果都是凶，這代表筮占結果為凶的機率是高出吉許多的，這顯然不符合筮占的實際狀況。〔註189〕既然吉佔大多數的結果依然是死，那吉與凶究竟有何區別呢？這也是一個令人費解的地方。

〔註187〕 李學勤主編：《清華大學藏戰國竹簡（肆）》，頁 79。
〔註188〕 蔡飛舟：〈清華簡《筮法》補釋〉，頁 16。
〔註189〕 李尚信：〈關於清華簡《筮法》的幾處困惑〉，頁 55～56。

二、八卦與干支

除了八卦的吉凶之外，《筮法》有一些與干支有關的解卦術語，都與時間密切相關，其筮例及相關簡文如下：

出　處	卦　畫	占　辭	簡　序
〈至〉2		其餘，易向，乃亦至。當日，不易向，聞問不至。	11-13
〈咎〉1		凡咎，見述日、妻夫、昭穆、上毀，亡咎。	7-9
〈瘳〉1		凡瘳，見述日、上毀，瘳。	10-11
〈雨霽〉1		凡雨，當日在下，數而入，雨。當日在上，數而出，乃霽。	12-15

除了這四則筮例之外，〈志事〉節的簡文亦提到：

> 凡筮志事，而見當日如當辰，乃曰速，疾亦然。五日為來，乃中期。
> 【24-31】

而〈果〉節則有：

> 大事歲在前，果；中事月在前，果；小事日在前，果。

整理小組推測此歲、月、日可能與干支有關：「歲、月、日在前，疑指所值干支在卦象的上卦出現。據此，當時似已有用干支紀月、紀年的制度。」〔註190〕

事實上，黃杰很早就以暮四郎的名義指出整理小組對「當日」、「當辰」的解釋不甚精確，整理小組在解釋〈至〉、〈咎〉等節出現的「當日」、「述日」時，認為此指「出現與筮占之日干支相合的卦。」而後解釋〈志事〉節「當日

〔註190〕李學勤主編：《清華大學藏戰國竹簡（肆）》，頁110。

如當辰」時，又說此指「卦象中出現與筮日干支相當的卦，當日指天干，當辰指地支。」〔註191〕先認為「當日」同時包含了天干地支，後又認為「當日」專指天干，解說前後不一，需要進一步的修正。〔註192〕

　　「當日」、「當辰」、「當日與當辰」的具體所指為何，學界的解讀大致上可分為兩說。第一種說法由子居所提出，其將「當辰」之「辰」讀為時辰，指出現「與筮占時辰干支相吻合的卦」。而「當日」則從整理小組在〈至〉、〈咎〉等節的解釋，指「與筮問之日干支相吻合的卦」。至於「當日如當辰」的所指，其中「如」字亦應從整理小組之說讀為「或」，「當日如當辰」指出現「符合筮占日或時之干支的卦」。〔註193〕

　　第二種說法則由黃杰提出，認為「當日」、「當辰」應從整理小組在〈志事〉節的解釋，日指天干，辰指地支，「當日」指出現「與占筮之日天干相合的卦」；「當辰」指出現「與占筮之日地支相合的卦」。而「當日如當辰」之「如」字亦從整理小組之說讀為「或」，指出現「與占筮之日天干或地支相合的卦」。〔註194〕

　　若從傳世文獻來看，筆者認為黃杰以日為天干，辰為地支的觀點可信，陳遵媯在《中國天文學史》中就曾指出「十干古稱十日，十二支古稱十二辰……干支這個名稱，在東漢以前是沒有的。」〔註195〕這個用法習見於先秦兩漢的傳世文獻，舉凡《左傳》、《國語》、《周禮》、《禮記》到《呂氏春秋》、

〔註191〕李學勤主編：《清華大學藏戰國竹簡（肆）》，頁87、92、104。

〔註192〕暮四郎：〈初讀清華簡（四）筆記〉，簡帛論壇，第66樓，2014年1月，網址：http://www.bsm.org.cn/forum/forum.php?mod=viewthread&tid=3155&extra=page%3D1&page=7。

〔註193〕子居：〈清華簡《筮法》解析（修訂稿上）〉，頁27。

〔註194〕如上所述，黃杰很早以前就以暮四郎之名在網路上發表過相同的觀點，子居認為如果將「當日」解讀為天干，「當辰」解讀為地支，那麼就會產生每筮必中的狀況，使占問失去意義。故以「時辰」立說。而黃杰後來將此說整理至〈清華簡《筮法》補釋〉中正式發表，並針對子居的「時辰」說提出反論，認為時辰最初只與地支相配，時干出現的年代較晚，故「當辰」應不作時辰解。此外，金宇祥也以黃杰之說為前提，對「當日」、「當辰」、「當日如當辰」（「如」又可解讀成「或」或是「與」兩種狀況）進行了假設，發現「當日或當辰」的出現機率大概在25%左右，並沒有子居所說每筮必中的狀況。以上三位學者的說法，請參黃杰：〈清華簡《筮法》補釋〉，頁23。子居：〈清華簡《筮法》解析（修訂稿上）〉，頁23。金宇祥：〈《清華肆·筮法》淺議〉，頁11～13。

〔註195〕陳遵媯：《中國天文學史》，上海：人民出版社，2007年7月，頁972。

《淮南子》等都可以找到證明，[註196] 因此「當日」指天干，「當辰」指地支應是毫無疑問的。

至於「當日」、「當辰」、「當日如當辰」、「述日」的具體所指，則跟「歲在前」、「月在前」、「日在前」的解讀有關。目前學界主要有兩種說法，一是如整理小組所言，將歲、月、日看成具體的時間單位，並將之與干支聯繫，認為「歲在前」、「月在前」、「日在前」即是指「上卦出現年、月、日的所值干支」。第二種說法則是由程浩提出，認為「歲」應指「歲時」，在此指四季，也就是〈四季吉凶〉的解卦原則；「月」則指用月之朝夕來分吉凶的乾、坤兩卦；「日」則為「日辰」也就是「當日」、「當辰」等與干支相關的解卦手段。因此「歲在前」即是指當季之卦出現在上卦；「月在前」為月朝坤或月夕乾出現在上卦；「日在前」為上卦出現值日干支的卦。[註197]

按照第一種說法，「當日」、「當辰」、「述日」、「當日如當辰」為四種不同的狀況。若歲、月、日皆與干支有關，則「當日」、「當辰」就不限於值日干支，值月干支或值年干支出現在四位卦中亦可稱為「當日」、「當辰」。更精確一點來說，「當日」應指「四位卦中出現了筮占之年、月、日的天干」；「當辰」則指「四位卦中出現了筮占之年、月、日的地支」。若此點成立，那麼整理小組說「當日」即「述日」說法則不確。[註198] 「述日」的意涵應如李宛庭所

[註196] 如《左傳·昭公五年》載：「明夷，日也，日之數十，故有十時，亦當十位。」《左傳·昭公七年》：「天有十日，人有十等。」《國語·楚語下》：「是以先王之祀也，以一純、二精、三牲、四時、五色、六律、七事、八種、九祭、十日、十二辰以致之。」《周禮·春官·宗伯》「馮相氏：掌十有二歲、十有二月、十有二辰、十日、二十有八星位，辨其敘事，以會天位。」《周禮·秋官·司寇》：「䃤蔟氏：掌覆天鳥之巢。以方書十日之號、十有二辰之號、十有二月之號、十有二歲之號、二十有八星之號，縣其巢上，則去之。」《淮南子·天文訓》更是多見：「數從甲子始，子母相求，所合之處為合，十日十二辰，週六十日。」、「音自倍而為日，律自倍而為辰，故日十而辰十二。」、「太陰所居，日為德，辰為刑。……凡日，甲剛乙柔，丙剛丁柔，以至於癸。木生於亥，壯於卯，死於未，三辰皆木也。火生於寅，壯於午，死於戌，三辰皆火也。土生於午，壯於戌，死於寅，三辰皆土也。金生於巳，壯於酉，死於醜，三辰皆金也。水生於申，壯於子，死於辰，三辰皆水也。」除此之外，《禮記·月令》、《呂氏春秋》十二月紀、《淮南子·時則訓》中也都有「其日甲乙」、「其日丙丁」之語可證。楊伯峻：《春秋左傳注》，頁 1264、1284。【吳】韋昭注：《國語》，頁 405。【漢】鄭玄注，【唐】賈公彥疏：《周禮注疏》，頁 404、558。何寧：《淮南子集釋》，頁 223、268～269、279。
[註197] 程浩：〈略論《筮法》的解卦原則〉，頁 105～107。
[註198] 李學勤主編：《清華大學藏戰國竹簡（肆）》，頁 92。

說，指傳世文獻中的「述命」，即是筮占當天。〔註199〕就此來看，「當日」、「述日」的意義並不相同，前者專指天干，後者指筮占的日子。因此「述日」當指「卦中出現了值日干支的卦」，與「當日」指「出現年、月、日天干」是兩個不同的概念。

推而廣之，〈志事〉節「當日如當辰」的「如」應從金宇祥之說讀為「與」，〔註200〕「當日如當辰」即「當日與當辰」，指「四位卦中出現與年、月、日干支相合的卦」。〔註201〕不訓「如」為「或」的原因在於「當日或當辰」的筮得機率太高，以甲子年、乙丑月、丙寅日為例，根據〈天干與卦〉、〈地支與卦〉，可知甲為乾、乙為坤、丙為艮、子為震、丑為巽、寅為勞（坎），「當日或當辰」代表四位卦中只要出現這六卦的其中一卦就能夠成立，幾乎是每筮必得，若「當日如當辰」包含了年、月、日的干支，那「如」當不讀為「或」。

此說最大的問題，在於戰國時期是否已經存在干支紀年、紀月的系統，畢竟在目前可見的文獻中還找不到先秦有干支紀年、月的直接證據。以往學界也多認為干支紀年、月並不早出，如陳遵嬀提到干支紀年的出現時代：

> 我國用干支紀年、紀月、紀日和紀時的年代各不相同。就干支紀年來講，先有歲星紀年法，後有太歲紀年法，它們可以說是干支紀年的前身。由於木星繞天一周，實際不是恰好為十二年，而是 11.86 年。所以把它當作 12 年一周天，順次計算，結果與實際的天象不合，每隔 83 年就會有一次誤差。西漢末劉歆提倡超辰法，就是以 144 年基歲星運行的次數為 145 次。東漢建武三十年（公元 45 年）。按超辰法應該超辰而不超辰，這年以後，紀年法完全就和歲星的運行沒有什麼關係，只按六十干支的次數來紀年，這就是所謂的干支紀年法。〔註202〕

〔註199〕李宛庭：《清華大學藏戰國竹簡（肆）·筮法研究》，頁 169。
〔註200〕金宇祥：〈《清華肆·筮法》淺議〉，頁 12～13。
〔註201〕若「當日如當辰」並不專指日干支的話，那麼整理小組將「五日為來，乃中期」解讀成「若無筮日干支相當之卦，而有其後五日內干支之卦，則稱為『來』……在所筮問的期限之中。」的說法有可能不確。筆者認為這段話的意思很有可能如子居所說，是指「當日如當辰，乃日速」的應驗時限。李學勤主編：《清華大學藏戰國竹簡（肆）》，頁 104。子居：〈清華簡《筮法》解析（修訂稿上）〉，頁 27。
〔註202〕陳遵嬀：《中國天文學史》，頁 977～978。

只不過陳遵媯又提到十二辰早在歲星、太歲紀年法中已被運用：

> 在歲星紀年法中已經使用十二支，自東向西，配著周天；歲星運行
> 的方和這個相反，是自西而東的，所以歲星紀年法在當時似曾使人
> 們大感不便。於是另外假想了一個太歲，和歲星的運行方向相反，
> 以每年太歲所在的部份來稱呼這年，叫做太歲紀年法。……歲星紀
> 年法創於公元前四世紀初期。最初用歲星所舍宿次紀年，後與十二
> 辰相結合，改以太陰、歲陰、太歲紀年，使用太陰在寅、歲星在丑
> 的紀年方法。顓頊改用顓頊紀年法，使用太陰在寅、歲星在亥的紀
> 年方法，使太陰、歲星俱超一辰，歲星又單超兩辰。改用太初曆紀
> 年法後，原則不變，在太初元年使太歲、歲星俱超一辰。太初曆紀
> 年法與後世干支紀年法相連接。〔註203〕

從這兩段文字來看，可知以往學界多認為干支紀年切確的起始時間應是東漢
初年，雖然其中十二辰運用於紀年法的時代稍早，但干支紀年在先秦應該還
不存在。只不過馬王堆帛書出土後，這個觀點似乎受到了挑戰，李學勤根據
馬王堆帛書《刑德》甲篇的「太陰刑德大遊圖」，推測干支紀年很有可能在戰
國時期就已經存在，其言：

> 干支紀年是什麼時候開始的呢？傳統的意見以為是新莽或東漢時
> 期。但過去也有不同的說法。據《隋書·律曆志》引《竹書紀年》：
> 「堯元年景子。」《竹書紀年》是戰國中葉魏國人編的史書。書中原
> 文是「堯元年丙子」。《隋書》因避唐朝的諱而將「丙子」改為「景
> 子」。……這說明戰國時已有干支紀年，不過《竹書紀年》久已散佚，
> 這條證據受到學者懷疑。……湖南長沙馬王堆三號漢墓出土帛書，
> 不止一種帛書包括有干支紀年表。如一種帛書的表中，排列著六行
> 干支，計六十組。第五行第一組為「甲辰」，第二組左邊寫著「今皇
> 帝十一年」，右邊寫著干支「乙巳」。據上下文，知「今皇帝」即漢
> 高祖。而漢高祖十一年（前 196），正好是乙巳年。這與《史記》年
> 表《集解》所說完全一致。帛書稱漢高祖為「今皇帝」，無疑是漢高
> 祖時的寫本。漢高祖在位只有十二年，他死於十二年四月。因此這
> 件帛書最大可能是漢高祖十一年時寫成。由此可見，西漢初已經有
> 干支紀年，而這種紀年法的起源一定更早。所以《竹書紀年》中關

〔註203〕陳遵媯：《中國天文學史》，頁 978～979。

於戰國中葉已有干支紀年的記載應當是可信的。〔註204〕

若按照李學勤所說，《筮法》的年代大約也在戰國中晚期，「歲在前」的確有可能是指干支而言。倘若「歲在前」、「日在前」都與干支有關，便可推測「月在前」也與干支有關。只是如果保守一點來談，馬王堆帛書《刑德》事實上只能證明漢初已經有干支紀年，戰國目前還是沒有干支紀年、紀月的直接證據。因此，這個說法目前僅能備為一說，以待後續的材料證明。

若按照第二種說法，年、月都與干支無關，「當日」、「當辰」、「述日」、「當日如當辰」都只限於日干支。根據前述對日、辰的論述，可推測「當日」、「當辰」的意義應如黃杰所言，分別指出現「與值日天干相合的卦」和「與值日地支相合的卦」。而「述日」也與第一種說法相同，和「當日」為兩種不同的概念，指出現「與值日干支相合的卦」。至於「當日如當辰」的解讀，金宇祥曾針對「當日與當辰」、「當日或當辰」兩種狀況進行過機率計算，發現前者的筮得機率為17%，後者為25%。筮得機率都不算非常高。〔註205〕只不過在這種狀況下，「如」就不可訓為「與」，倘若將「如」訓為「與」，「當日如當辰」的意義就與「述日」相同。因此，筆者認為在「當日」、「當辰」都僅限於日干支而言的前提下，「如」應該要讀為「或」，指四位卦中出現值日的天干或地支之一。

綜合來看，由於第一種說法目前尚缺乏戰國中晚期使用干支記月直接的證據，故目前暫從第二種說法，〈果〉節的「歲」、「月」分別指依歲時定吉凶的六子卦與在每月循環運動的父母卦，「當日」、「當辰」、「當日如當辰」、「述日」都與日干支有關，「當日」指出現與日天干相合之卦，「當辰」指出現與日地支相合之卦，「當日如當辰」指出現與日天干或日地支相合之卦，「述日」則指同時出現與日干支相合之卦。

還有一點值得注意的是，〈貞丈夫女子〉節有遇到乾、坤兩卦純吉而無視四季的占辭，使人懷疑乾、坤兩卦的吉凶在判斷上是否優先於〈四季吉凶〉。但筆者認為未必如此，首先從占辭「凡貞丈夫，月夕乾之萃」、「凡貞女子，月朝坤之萃」來看，〈貞丈夫女子〉的筮例已然限定了筮占對象，以占男見乾、占女見坤為吉，可能因為筮占對象的緣故，導致此處的筮例無視

〔註204〕李學勤：〈干支紀年和十二生肖起源新論〉，收錄於氏著：《失落的文明》，上海：上海文藝出版社，1997年12月，頁150～151。

〔註205〕金宇祥：〈《清華肆·筮法》淺議〉，頁11～13。

四季，如〈享〉節也是以乾、坤兩卦來判斷吉兇，但占辭卻沒有特別提到「無春夏秋冬」。其次，從「萃」字可知「無春夏秋冬」的另一個條件是出現多個乾／坤卦。在扣除了這兩個條件後，乾、坤兩卦的吉兇判定就未必高於〈四季吉兇〉。

第四章 《筮法》與先秦易學的
聯繫與發展

　　在出土易學文獻被發現以前，學界幾乎只能透過《周禮》知道先秦有《連山》、《歸藏》、《周易》這三個被稱為「三易」存在。然而，其中只有《周易》留存較全。除此之外，先秦易學就只剩下一部由清人所輯佚，名為《歸藏》的隻字片語。以及保存在《左傳》、《國語》的零星筮占紀錄了。

　　直到地下材料開始被發現，考古挖掘漸多的近現代，才又出現了新的先秦易學材料。截至目前為止，這些出土的易學材料大致上可以分成兩類，一類是可與今本《周易》、輯本《歸藏》互為參照的抄本。其中，馬王堆、阜陽、上博《周易》都有卦爻辭；秦簡《歸藏》只有卦辭。這些文獻與我們所熟知的《周易》相同，都只使用兩個分別代表陰、陽的符號記卦。另一類則散見於甲骨、器物以及楚簡中，大部份可能是實際筮占的紀錄，使用多個數字符號來記錄卦畫，這些符號的形體與數字相同或相近，學者多稱之為「數字卦」。這類材料除了記卦符號外皆沒有卦爻辭，雖然包山、新蔡、天星觀等楚簡數字卦還伴隨著其他文字，但這些文字都只是筮占結果的紀錄，沒有其它有助於解讀易卦的解釋性文字。因此，「數字卦」的性質、體系及其與三易之間的關係，長久以來都未有定論。而《筮法》是首部以多個數字符號記卦，並具系統性的易類文獻。從本文第三章可知，《筮法》的解卦系統與《周易》有著相當大的區別，並不使用卦爻辭解卦。不過，其中又可以找到與《周易》經傳密切相關的易學概念，如父母六子卦、〈卦位圖〉、〈人身圖〉等等。因此，《筮法》是連結先秦《歸藏》、《周易》文本與「數字卦」材料的重要橋梁，透過

《筮法》與先秦易學材料的比對，應能對先秦易學的發展有更加透徹的認識。

　　本章擬將先秦的易類材料粗略分為「數字卦」與「《歸藏》、《周易》」兩類，因《筮法》使用了多個數字符號記錄卦畫，故本章擬先從「數字卦」切入，在第一節試析《筮法》與先秦「數字卦」之間的關聯，並著重論述陰陽符號的演變問題。接著，在第二節討論《筮法》與《歸藏》、《周易》的異同，達到本文補充先秦易學發展脈絡的目的。

第一節　《筮法》與先秦數字卦

　　本節擬將先秦數字卦材料分成「楚簡數字卦」及「商周數字卦」兩個層面分別討論。之所以分為這兩個類別，主要原因在於這兩類材料與《筮法》的對應有所不同。楚簡數字卦與《筮法》的關係較為緊密，除了時代與地緣較近之外，其數字卦形式也基本一致。〔註1〕從現有的材料來看，楚簡數字卦泛指包山、新蔡與天星觀卜筮祭禱簡中所見的數字卦，其特點在於卦畫皆是兩兩並列，且都使用多種筮數（一（七）、五、六、八、九）來記卦。〔註2〕再加上包山筮例中有「少有感於躬身【201-202】」、「少有感於躬身與宮室【210】」之語，〔註3〕可與《筮法》的「四位卦象」相對。綜合來看，楚簡數字卦與《筮法》的關係較為接近，甚至可能就是《筮法》解卦原則的實際運用。

　　而商周數字卦不但時間、空間的跨度都相當大，其形式也不像楚簡數字卦都是兩兩並列的六爻卦，大多都是單個六爻卦，甚至有三爻卦、四爻卦的材料。鑒於《筮法》出現後，證實戰國易學有多種筮占系統存在的現象，或可推測商周數字卦可能也存在多個筮占系統，故無法與楚簡數字卦一概而論。

〔註1〕李學勤主編：《清華大學藏戰國竹簡（肆）》，頁75。

〔註2〕其實包山簡沒有筮數九，天星觀簡沒有筮數五。劉光勝在比較楚簡數字卦與商周數字卦的揲蓍法乙時，提到揲蓍法乙與楚簡數字卦的用數大體相近，唯筮數四不見於揲蓍法乙中。從《筮法》來看，這可能是筮數四出現概率極低的緣故。雖然商周數字卦很有可能不能單純地區分成「揲蓍法甲」和「揲蓍法乙」兩類，劉光勝認為楚簡數字卦的用數可能與揲蓍法乙有關的說法未必正確，但其「因為筮得概率極低而不見四的觀點」卻可以用來解釋楚簡數字卦沒有筮數四，包山簡沒有筮數九，天星觀簡沒有筮數五的問題。如其所言，從《筮法》可知四、五、八、九的筮得頻率本來就低，楚簡數字卦的筮例本也不多，故有些數字在某種材料中未見是很合理的。劉光勝說請參氏著：劉光勝：〈從清華簡《筮法》看早期易學轉進〉，頁87。

〔註3〕湖北省荊沙鐵路考古隊：《包山楚簡》，頁32～33。

因此，本節才將先秦數字卦分為楚簡數字卦與商周數字卦兩類分別考察。

一、《筮法》與楚簡數字卦的再認識

（一）兩兩並列的卦畫形式

在《筮法》出現以前，由於材料匱乏，導致學者往往只能藉由《周易》的視角來嘗試解讀數字卦材料。張政烺是最早對數字卦提出系統性論述的學者，其在讀天星觀楚簡的易卦時，就先將記卦符號轉換成陰陽爻，並將並列的兩個六爻卦理解為本卦和之卦：「天星觀竹簡上的八處易卦，都是兩卦平列，使人很容易想到是卦變。」〔註4〕許多學者也遵從了這種讀法，如邴尚白也認為「楚簡筮卦皆是駢書兩行，每行六個卦符。由形式上來看，與《周易》筮占相同，兩行應該也分別是遇卦和之卦。」〔註5〕此外于茀、史善剛、董延壽等學者，也都以變卦的概念來解讀楚簡數字卦。〔註6〕說明在材料不足的情況下，學者們常常依賴《周易》的理論來解讀數字卦，畢竟先秦留存至今的易類文獻已所剩無幾，只有《周易》體系相對完整，故使用《周易》的理論來解讀數字卦是可以理解的。

然而，用《周易》的卦變理論來解讀楚簡兩兩並列的易卦未必正確。雖然在《筮法》出現以前，並沒有任何跡象顯示它應該要讀成四個經卦，但已經有學者開始懷疑楚簡數字卦是否能用卦變的概念解讀。如李宗焜比較楚簡數字卦與《左傳》、《國語》的筮例，發現若將楚簡數字卦解讀成本卦與之卦，那其與《左傳》、《國語》的筮例有相當大的區別。因為《左傳》、《國語》所載的筮例明顯以一爻變為主，而楚簡數字卦出現三、四個爻變的狀況十分普遍，其言：

> 包山楚簡數字卦凡六見，皆二組數字並列，其中一爻相異者一見，二爻相異者一見，而三爻相異者竟至四見，是要取義於相同者或相異者？
>
> 新蔡葛陵楚墓的數字卦凡十三見，亦皆兩組數字並列，除甲三132＋130、乙四102殘斷不全外，其餘兩組並列的數字卦中，一爻相異者

〔註4〕張政烺著，李零等整理：《張政烺論易叢稿》，頁51～52。

〔註5〕邴尚白：《葛陵楚簡研究》，頁223、227。

〔註6〕于茀：〈包山楚簡中的數字卦〉，《北方論叢》第190期，2005年3月。史善剛、董延壽：《簡帛易卦考》，北京：高等教育出版社，2015年12月，頁29。

一見，三爻相異者四見，四爻相異者四見，五爻相異者兩見。……其
一爻相異者固不難以「占變爻」為說，其五爻相異者，亦可說為「以
不變為占」，然而其三爻相異與四爻相異者各有四見，這種不論從
「變」與「不變」都無法解釋的數字卦，在完整的十一處數字卦中，
竟然高達八處之多。〔註7〕

雖然從先秦文獻中，還找不到遇到一爻變以外的狀況時該如何解讀，但李宗
焜援引朱熹《易學啟蒙》對上古占法的推測，考察包山、新蔡簡的數字卦例，
發現若干筮例的筮占結果與《周易》的爻辭吉凶並不相合，推測楚簡並列的
數字易卦很有可能不是本之卦的關係，而只是多次筮占的紀錄。〔註8〕

除了李宗焜外，張朋、王化平、于茀也陸續發表了相關文章，〔註9〕認為
楚簡數字卦不應作變卦解，而這些質疑都有同一個原因——「變卦的規律混
亂」。《周易》的爻變有其固定原則，以九、六為變爻，七、八為不變爻，屬於
陽爻的九會變為陰爻，屬於陰爻的六會變為陽爻。而楚簡數字卦的爻變無規
律可尋，如王化平整理若以變卦解讀楚簡數字卦，會產生的五個奇怪現象：
〔註10〕

其一、新蔡簡中【甲二37】與【甲三184-2】所見的數字卦，第一個卦
都是六六六六一六，卦象完全相同，何以二者變化之後卦象卻不
同？〔註11〕

其二、一、六可以互變，但並不是每逢一、六就需要變動，如包山
簡【210】、【239】的筮例。〔註12〕

〔註 7〕李宗焜：〈數字卦與陰陽爻〉，頁 302～303。

〔註 8〕李宗焜：〈數字卦與陰陽爻〉，頁 304～308。

〔註 9〕于茀本來在〈包山楚簡中的數字卦〉中認為楚簡數字卦是變卦，但後來在〈戰國
簡卦畫問題再探討〉中改變了原有的看法，認為楚簡數字卦並不是變卦。請參于
茀：〈戰國簡卦畫問題再探討〉，《北方論叢》第 208 期，2008 年 3 月，頁 1～4。

〔註 10〕王化平：〈《左傳》和《國語》之筮例與戰國楚簡數字卦畫的比較〉，原發表於
《考古》2011 年第 10 期，2011 年 10 月，頁 64～65。後經重新整理收入氏
著：《萬物皆有數：數字卦與先秦易筮研究》，頁 107。

〔註 11〕新蔡簡【甲二37】的第二個卦為「六六六六一一」，簡【甲三184～2】為「五
六五六六六」。

〔註 12〕包山【210】簡的筮數組成為「六六六八一一，一六六八一一」其中只有上爻
的六變成了一，四、五爻的六皆未變。【239】簡的筮數組成為「一一一六六
一，一六六八六一」其中四、五爻的一都變成了六，但初、上爻的一和二爻
的六都未變。

其三、一、六某些時候可以變成八，八有時也可以變成一。如包
山簡【229】、【239】、【245】簡的筮例與新蔡簡【甲二19、20】的筮例。
〔註13〕

其四、六有時候又可以變成五，也有五變成六的例子。如包山簡
【229】與新蔡簡【乙四79】。〔註14〕

其五、六有時候可以變成九，而九有時卻可以變為一。如天星觀簡
【15-01】、【150】的筮例。〔註15〕

據此，可知以卦變解讀楚簡數字卦，幾乎無規律可循。一、五、六、八、九
都可以互變，且每種筮數都有多種變化。此外，這個變化除了陽變陰、陰變
陽之外，陰數甚至可以變成另外一個陰數，陽數也可以變成另外一個陽數，
與《周易》只能陰變陽、陽變陰的規則有極大的差異。就此來看，用變卦解
釋楚簡數字卦顯然有很大的問題。對此，王化平並沒有特別去論述這種並列
數字卦的性質為何，只說其並非本之卦的關係。而張朋和于茀的觀點則與李
宗焜的猜測略同，都認為這種並列的數字卦是兩次筮占的紀錄，只不過兩人
所言的「兩次筮占」所指不同。張朋認為是《尚書·洪範》：「三人占，則從
二人之言。」的體現，也就是每次筮占其實都由不同的貞人占卜了三次，只
取其中兩次結果較為接近的筮占加以紀錄。〔註16〕于茀則認為是祭禱前後
的兩次筮占。〔註17〕

〔註13〕包山簡【229】的筮數組成為「一六五八六六，一六六一一六」其中三爻的八
　　　　變成了一。簡【239】的筮數組成為「一一一六六一，一六六八六一」其中三
　　　　爻的六變成了八。簡【245】的筮數組成為「八一六一一一，六六一一一八」
　　　　其中初爻的一變成了八，而上爻的八卻變成了六。新蔡簡【甲二19、20】的
　　　　筮數組成為「一一一一六一，八一六六六六」其中上爻的一變成了八。

〔註14〕包山簡【229】的筮數組成為「一六五八六六，一六六一一六」其中四爻的五
　　　　變成了六。新蔡簡【乙四79】的筮數組成為「一八一一六一，一一八一五六」
　　　　其中二爻的六變成了五。

〔註15〕天星觀簡【15-01】的筮數組成為「六一一六九一，六六六一一一」其中二爻
　　　　的九變成了一。簡【150】的筮數組成為「八一一一六八，一一一六九六」其
　　　　中二爻的六變成了九。

〔註16〕張朋：〈數字卦與占筮—考古發現中的筮法及相關問題〉，《周易研究》第 48
　　　　期，2007 年 8 月，頁 7～12。

〔註17〕從包山簡的卜筮祭禱紀錄來看，當占卜的結果不吉，接著就會進行祭禱、攻
　　　　解鬼神等巫術行為，結束後再占卜一次。于茀的「兩次占卜紀錄」指的是巫
　　　　術行為前後的兩次占卜，而非張朋所說「三人言，則從二人之言」的體現。
　　　　于茀：〈戰國簡卦畫問題再探討〉，頁 2～4。

　　而《筮法》的出現，為楚簡兩兩並列易卦的解讀提供了新角度。如前所說，由於兩者的地緣、時代、用數、易卦形式皆相近，或可推測楚簡數字卦可能使用了《筮法》所載的解卦法。也就是說，這些並列的數字卦或許都可以視為四個經卦。若此，則這種並列的數字卦並不可以拆成兩個各自獨立的別卦，這點可以從《筮法》的解卦原則看出端倪。首先，《筮法》的「四位卦象」是建立在「四位」上的卦位象，如果將其拆成兩個獨立的別卦，那麼這種卦位象也就不存在了。再者，《筮法》有多種解卦手段都建立在「左右合觀」上，卦象方面如「相見」、「亢」、「妻夫」、「上毀」；爻象方面則如「虛」、〈成〉節的「同」、「不同」。也就是說，這種並列的數字卦都是一次筮占的所得之卦，並非「兩次占卜的紀錄」。雖然張朋在《筮法》發表後仍堅持原說，認為《筮法》是將這兩次筮占卦畫綜合起來考察的一種解卦法。〔註18〕但這個說法仍有一些問題，首先，王化平曾針對「三人卜，則從二人之言」的說法提出質疑：

> 從包山簡的材料來看，兩兩並列的卦象都是寫在同一個筮者的名下，這是非常明顯的。就此而言，它們應該不是兩人占筮的結果紀錄。另外，無論是天星觀楚簡，還是新蔡葛陵楚簡，都是兩兩並列，無一例外，難道在這麼多的占筮中，每三次的占筮，都只有兩次結果相同？為什麼不見記三個卦象的呢？從《左傳》和《國語》記載的占卜記錄，以及《尚書‧洪範》所記占卜情況來看，如果三次都是同一結果的話（所謂「三人占」是同時進行的），就應當認同這個結果，不應廢棄。所以，用「三人占，則從二人之言」來解釋楚簡上兩兩並列的卦象也是不成立的。〔註19〕

或許是察覺到理論的疏失，張朋在後來發表的〈再論清華簡《筮法》與數字卦諸問題〉中，就加上了「當然在實際操作中也有可能是兩人同時進行占卜或連續進行兩次占卜」的說明。〔註20〕但這只回答了第一點質疑，第二點仍然存在，倘若楚簡數字卦是「三人占，則從二人之言」的結果，那麼遇到三個人的筮占結果皆相近時，就應該要同時記錄三次占卜的卦畫，但楚簡28則筮例中，並沒有三則卦畫並列的案例。除此之外，若《筮法》的解卦原則是將兩

〔註18〕張朋：〈再論清華簡《筮法》與數字卦諸問題〉，頁102～103、105。

〔註19〕王化平、周燕：《萬物皆有數：數字卦與先秦易筮研究》，頁16。

〔註20〕張朋：〈再論清華簡《筮法》與數字卦諸問題〉，頁102。

個獨立占筮的別卦合併解讀，那麼其原有的獨立筮占是以什麼解卦系統判斷吉凶呢？《筮法》中並沒有以單個別卦判斷吉凶的解卦原則。再者，楚簡數字卦的筮占結果究竟是從獨立筮占而來，還是從《筮法》而來的呢？如前所述，《筮法》的體系並不適用於單個別卦占，因此，「獨立筮占」與《筮法》所用的解卦原則應有所區別，其結果也不一定一致。就這三點來看，楚簡兩兩並列的數字卦應如王化平所說，並非兩次筮占的紀錄。

綜上所述，自《筮法》出現之後，楚簡兩兩並列的數字卦就不宜再視為變卦或是兩次筮占紀錄。雖然楚簡筮例並沒有說明其如何解讀易卦，但比之變卦與兩次筮占，楚簡的並列數字卦較有可能是《筮法》這種針對一種命辭所進行一次筮占的結果。

（二）記卦符號的再認識

在張政烺開啟了數字卦研究的大門後，學界長久以來認為這些出現在甲骨、器物以及竹簡上的易卦都是筮數的直接紀錄。直到李學勤在 1999 年發表了〈出土筮數與三易研究〉一文，率先否定楚簡易卦的記卦符號是數字的觀點，[註21]引發學界對楚簡記卦符號究竟是數字還是陰陽符號的論戰。學界的意見大致上可以分成兩派，一派贊同李學勤的觀點，認為楚簡易卦的記卦符號都是陰陽爻，如吳勇、于茀、邴尚白等學者皆持此論。[註22]另一派學

[註21] 該文原先發表於 1990 年兩岸清華大學共同舉辦「紀念聞一多先生百年誕辰學術研討會」中，後收錄至氏著：《周易溯源》，頁 276～278。

[註22] 李學勤認為楚簡易卦的記卦符號並非數字而是陰陽爻的觀點有幾個依據，其一是這些符號的寫法與戰國習見的數字寫法不同。其二是筮數的出現概率相當不平均，很難有揲蓍法能產生這種結果。其三是作為經典文本的上博簡《周易》與王家台秦簡《歸藏》，其使用的易卦符號也與楚簡易卦相近。因而推斷楚簡易卦的符號都是陰陽爻，而符號呈現多種形式的原因可能是書手信筆所之的結果。其後雖然有些學者對李學勤的說法略有修正，如吳勇認為符號的形體差異並非信筆所之的結果，而是「四象符號」的紀錄。邴尚白則認為「信筆所之」的講法較不準確，應該說大部份的陰爻都約定俗成地寫成「◣◥」形，少數形體相異的陰爻可能只是超寫實的隨意變化。但大致上都是同意楚簡易卦是用陰陽符號記卦而非數字。相關的說法可參李學勤：《周易溯源》，頁 273～284。吳勇：〈從竹簡看所謂數字卦問題〉，《周易研究》第 78 期，2006年 7 月，頁 43～48。吳勇：〈也談所謂「楚簡數字卦」問題〉，《長江大學學報（社會科學版）》第 30 卷第 5 期，2007 年 10 月，頁 25～27。吳勇：〈出土文獻中的易卦符號再認識〉，《周易研究》第 100 期，2010 年 4 月，頁 53～55。于茀：〈戰國簡卦畫問題再探討〉，頁 1～2。邴尚白：《葛陵楚簡研究》，頁 217～232。

者仍認為楚簡易卦的記卦符號是數字，如李宗焜、宋華強兩位學者就針對李學勤的說法提出反駁。〔註23〕

　　《筮法》的出現，也為楚簡記卦符號為數字的觀點提供了新的證據。如整理小組所言，《筮法》記錄易卦的符號與楚簡基本相同。除了五、七兩數外，四、六、八、九都可以在簡序中找到相同的字形，如下表所列：

【表4-1】楚簡筮數字形對照表

	四	五	六	七	八	九
《筮法》易卦	【小得29】	【征26】	【成30】	【得3】	【征24】	【得8】
《筮法》簡序	【14】		【36】		【37】	【29】
包山簡易卦		【229】	【229】	【229】	【229】	
新蔡簡易卦	甲三【184-2】	甲三【302】	乙四【79】	乙四【79】	零【115】	

從上表可知，除了八原本就寫成八形外，四、六、九都是較簡的寫法，其簡化的字形確實也作為數字使用。至於五的部份，雖然楚簡中作為數字使用的五並沒有寫成✕的紀錄，多寫成五，但這實際上是因應易卦形式，為了避免混淆而刻意做的改動。早年李學勤認為楚簡數字卦的記卦符號，應是陰陽爻而非筮數的其中一個原因為「與楚文字數字的寫法不合」。而宋華強在針對這個觀點提出反論時，提到如果筮數五寫成五，會使得上下兩畫橫筆與一產生混淆，使得五被誤讀為「一五一」。六簡寫成八也是基於相同的原因，避免六下方的兩筆被誤認為筮數八。〔註24〕筆者認為其說可從，畢竟易卦的書寫形式不論是數字或是陰陽爻都是上下書寫，五、六乍看之下確實容易產生混淆。尤其從包山、新蔡簡的卦畫紀錄來看，這些並

〔註23〕李宗焜：〈數字卦與陰陽爻〉，頁291～294。宋華強：《新蔡葛陵楚簡初探》，武昌：武漢大學出版社，2010年3月，頁188～203。
〔註24〕宋華強：《新蔡葛陵楚簡初探》，頁190～194。

列的易卦都擠在同一支簡上書寫，如果不加以簡化確實不易辨識，同時還會占用簡牘空間。就此來看，《筮法》將 𭂋、𭂎 簡寫成 ⌐；𭇌 簡寫成 ⟍ 的原因也應與之相同。𭂋、𭂎 下方的斜筆容易被誤認為六或八，𭇌 下方的橫筆也容易被誤認為 一。因此，透過《筮法》記卦符號與簡序的對比，當可推測楚簡易卦中的 ✕、𠆢、⟍ 都是數字而非陰陽爻。李學勤亦在看過《筮法》之後，一改原先的看法，認為楚簡易卦的記卦符號皆是數字。〔註25〕

至於「一」則較為特別，雖然《筮法》中「一」明顯作為筮數七使用，但在古文字中數字七多寫成 十。從字形來看，十 若作為記卦符號使用，並不會與其他筮數產生混淆，也就是說《筮法》將七寫成 一 並不是為了避免筮數間的混淆而簡省。那「一」究竟是數字還是符號呢？筆者認為 一 已經是抽象化的陽爻符號，不過其來源仍可能是 十 形的簡省，只是其簡省的理由並非「避免混淆」，請見下文關於陽爻形成的相關討論。

二、《筮法》與商周數字卦

如上所述，商周數字卦的問題較之楚簡數字卦複雜，商周數字卦除了時空跨度大之外，易卦的形式也與楚簡數字卦頗有不同。目前有兩位學者先後整理商周時代的數字卦材料，王化平於 2015 年出版《萬物皆有數：數字卦材料的整理與辨析》一書，整理商周數字卦共 113 則，其中屬於殷商者 38 則，屬於周代者 75 則。然而，王化平收錄的材料有兩點需要注意，一是其收錄的材料中，有三則材料不只一件，分別是安陽殷墟戚家莊 269 號墓出土的銅戈、西周早期的效父簋以及洛陽岐山西周遺址出土的銅戈。殷墟銅戈一共出土了 10 件，上均刻有「六六六六」字形。〔註26〕效父簋王化平未註明，但根據賈

〔註25〕除了將記卦符號與簡序數字對比之外，《筮法》還有一些簡文透露了其記卦符號是數字的事實，如〈地支與爻〉、〈爻象〉都將 ⌐、⟍ 寫成 𭂋、𭇌，其中〈地支與爻〉的內容，與放馬灘秦簡《日書》、《五行大義》引揚雄《太玄經》中的地支配數相同，亦是其證。李學勤說請參氏著：〈清華簡《筮法》與數字卦問題〉，頁 68。

〔註26〕需要注意的是，王化平提到殷墟銅戈的出處為〈殷墟戚家莊東 269 號墓發掘簡報〉，但筆者翻閱其引證出處，原題名應為〈殷墟戚家莊 269 號墓發掘簡報〉，王化平多誤入「東」一字。而筆者考察其中關於戈的說明，發現報告中並沒有提到戈上有數字卦，此條材料有可能是王化平根據原件所收，但筆者未見到材料，故無法進一步地判斷此件材料是否有數字卦，在此暫作保留，

連翔的整理，效父簋一共有兩件，簋的內底均刻有筮數「五八六」。〔註27〕西周銅戈一共出土了 3 件，上刻有「一六一」字形。〔註28〕二是有兩則筮數十材料是否為數字卦存疑，王化平收錄了兩則「筮數十」材料，分別為扶風召陳村西周建築遺址陶盆「田六十一」及屯南卜骨 4352「十六五」。關於前者，殷文超根據同批出土的材料中也有很多陶片上刻有「田」或「周」加數字的組合，認為該例不該視為易卦。〔註29〕至於後者，該片卜骨的筮數原被釋為「八七六五」，曹定云將之重新讀為「十六五」，但近來賈連翔提到曹定云之所以將之讀為「十六五」，除了字形之外，還根據陝西鳳雛村周原遺址 H11：235 上有「六六十」的數字卦，但後來曹瑋於《周原甲骨文》一書中提到「夏商周斷代工程」曾以 20 倍顯微鏡觀察周原甲骨，發現曹定云用來證明的 H11：235 屬於「非刻劃甲骨」，也就是該片甲骨的痕跡非人為刻寫，故賈連翔認為曹定云將屯南 4352 讀為「十」而不讀為「七」的意見值得商榷。由於現今可見的商周數字卦中沒有其他出現筮數十的材料，雖然該字字形與十較為相似，但賈連翔仍認為 ▨ 是數字卦，應釋為「七六五」而非「十六五」。〔註30〕綜合來看，若將上述三批刻有相同易卦的器物分別獨立計算，再扣除有疑義的西周陶盂〔註31〕及扶風召陳村西周建築遺址陶盆兩件材料，王化平實收數字卦材料 124 則，屬殷商者 47 則，屬周代者 77 則。

　　在王化平之後，賈連翔於 2020 年出版《出土數字卦文獻輯釋》一書，收錄商周數字卦共 133 則，殷商數字卦 47 則，周代數字卦 86 則。其中可確定

於此說明以備考。王化平、周燕：《萬物皆有數：數字卦與先秦易筮研究》，頁 65、68。殷墟銅戈之相關說明，請見安陽市博物館：〈殷墟戚家莊 269 號墓發掘簡報〉，《中原文物》1986 年第 3 期，1986 年 10 月，頁 12。

〔註27〕賈連翔：《出土數字卦文獻輯釋》，頁 105～106。王化平：《萬物皆有數：數字卦與先秦易筮研究》，頁 68。

〔註28〕王化平、周燕：《萬物皆有數：數字卦與先秦易筮研究》，頁 68。

〔註29〕殷文超：《出土文獻視角下《周易》的卦畫與卦名研究》，上海：華東師範大學碩士論文（2017），頁 15～16。王化平：《萬物皆有數：數字卦與先秦易筮研究》，頁 69。

〔註30〕王化平、周燕：《萬物皆有數：數字卦與先秦易筮研究》，頁 69。賈連翔：《出土數字卦文獻輯釋》，頁 68。

〔註31〕王化平在其整理中，羅列了一件刻有數字的西周陶盂殘片材料，但對這條材料是否為數字卦存疑。王化平、周燕：《萬物皆有數：數字卦與先秦易筮研究》，頁 68。

為數字卦者共 109 則，有 24 則疑似數字卦材料。〔註 32〕兩者的整理大同小
異，各有數則對方沒有收錄到的數字卦材料。如下表：

【表 4-2】王化平、賈連翔數字卦材料收錄補充表

賈連翔有收錄而王化平未收錄			王化平有收錄而賈連翔未收錄		
時代	卦 例	出 處	時代	卦 例	出 處
商	八五一	兌卦鼎	商	六六六六	安陽殷墟戚家莊出土銅戈
商	五五五	父乙爻角	周	五五五	爻癸婦鼎
商	五五五	小臣卣	周	六一一六六一	周公廟遺址出土陶水管
商	五五五	祖丁罍			
商	五五五	爻盂			
商	五五五	父乙方鼎			
周	八六七六一七	矢爵			
周	五一七八一□	大保卣			
周	七六六六七六	陝西鳳雛村出土卜骨【周原 H11：177】			
周	六六	洛陽北窯村西南西周鑄銅遺址出土殘陶鼎範			
周	五	洛陽北窯村西南西周鑄銅遺址出土殘陶鼎範			
周	一六六六	張家坡遺址出土製陶工具			
周	一一一	張家坡遺址出土製陶工具			
周	一六六	張家坡遺址出土製陶工具			
周	八七七	秦始皇陵東側一號兵馬俑坑出土劍鈹			
周	一一一一八一	李零《中國方術考》收錄陶甕			
周	六六六	李零《中國方術考》收錄陶殘圈足			
周	一一八	李零《中國方術考》收錄陶殘圈足			

〔註 32〕賈連翔所整理數字卦材料，可參氏著：《出土數字卦文獻輯釋》，頁 176～190。

周	一六六	李零《中國方術考》收錄陶殘圈足
周	九六六一	隨州葉家山出土龍紋方鼎一
周	九六六一	隨州葉家山出土龍紋方鼎二

若將兩位學者所收錄的數字卦材料綜合起來，商周數字卦共有 145 則，其中屬殷商者有 57 則，周代數字卦 88 則。商周數字卦大多只存有易卦符號，並沒有任何關於筮占原則的說明，但從易卦的形式來看，商周數字卦應與戰國易學相同，並存多種筮占體系，這點可以從用數體系與解卦法兩個層面來談。

首先關於用數體系，李學勤曾對商周數字卦進行過統計研究，初步將商周數字卦的用數體系分為「揲蓍法甲」與「揲蓍法乙」兩類，「揲蓍法甲」用一、五、六、七、八、九；「揲蓍法乙」用一、六、八、九，以有沒有「七」來作為兩種揲蓍法的區別，〔註33〕很早就意識到商周數字卦的成卦法可能有不同體系。賈連翔重新考察了「揲蓍法甲」中六則一、七共存的材料，發現這很有可能是「合文書寫不規範」或「筆畫殘損」所造成的誤讀，實際上商周數字卦中並沒有同一筮例同見一、七者，故其用數體系實際上可以分為「一系數字卦」與「七系數字卦」兩類，對李學勤的商周數字卦兩系說提出修正。〔註34〕

只不過從現有的材料來看，似乎還不能排除一、七兩數共存於一卦的可能。賈連翔所提到的材料分別是安陽殷墟卜甲一則（原讀為「六七一六七九」）、黃濬《鄴中片羽二集》所收爵陶範一則（原讀為「一七六七八六」）、《周原甲骨文》所收卜骨一則（原讀為「七一六七一八」）、陝西岐山西周銅方鼎兩則（兩件器物所刻筮數相同，皆為「六一七六一六」）、及大保卣（原讀為「五一七八一□」）、叔爵（原讀為「八六七六一七」）兩件青銅器各一則。〔註35〕除了這七則數字卦之外，還有薛尚功《歷代鐘鼎彝器款識法帖》所收的一件周琥銘文（「六七七一一一」），以及安陽殷墟陶簋殘片（原讀為「一七八六六七與「六一七」）存在一、七共存的現象。其中周琥銘文薛尚

〔註33〕李學勤：《周易溯源》，頁 231。
〔註34〕賈連翔：《出土數字卦文獻輯釋》，頁 198～201。
〔註35〕賈連翔：《出土數字卦文獻輯釋》，頁 199。

功原讀為「午十三」，〔註36〕但王化平將之列入西周的數字卦中，顯然不認為該銘文應讀為「午十三」，〔註37〕筆者考其銘文，發現該銘文要讀為「午十三」確實有些牽強。因此，一、七共存的數字卦實際上有十則而非七則。

賈連翔的合文說，主要是注意到這種一、七共存的數字卦，「一」都是連著七的上下或六的上方書寫。如「七七」合文會寫成 **十** 形，而「七六」合文會寫成 **大** 形。如安陽殷墟卜甲中「七七六七六六」就寫成 **大**，〔註38〕倘若合文的直筆沒有超出橫筆寫成 **干、土、工**，其中未貫穿的橫筆就有可能被誤認成一，〔註39〕如下圖所列的數字卦：

【圖4-1】安陽殷墟易卦卜甲數字卦　　【圖4-2】周原甲骨 H11：90 數字卦
〔註40〕　　　　　　　　　　　　　　　　　　　　　　〔註41〕

【圖4-3】西周銅方鼎數字卦〔註42〕

〔註36〕薛尚功：《歷代鐘鼎彝器款識法帖》，北京：中華書局，1986 年 5 月，頁 96。

〔註37〕王化平：《萬物皆有數：數字卦與先秦易筮研究》，頁 68。

〔註38〕肖楠：〈安陽殷墟發現「易卦」卜甲〉，《考古》1989 年第 1 期，1989 年 1 月，頁 67。

〔註39〕賈連翔：《出土數字卦文獻輯釋》，頁 199。

〔註40〕肖楠：〈安陽殷墟發現「易卦」卜甲〉，頁 67。

〔註41〕曹瑋：《周原甲骨文》，北京：世界圖書出版公司，2002 年 10 月，頁 65。

〔註42〕劉少敏、龐文龍：〈陝西岐山新出土周初青銅器等文物〉，《文物》1992 年第 6 期，1992 年 6 月，頁 77。

然而，周琥銘文似乎很難用「合文」解釋，周琥銘文的筮數組成為「六七七一一一」，其下三爻都是一，並不是接在六之前或七的前後。就此來看，似乎還不能完全排除商周數字卦有一、七並存的現象。不過，現有的其它材料「一」皆如賈連翔所言，都是接於七的上下或六的上方書寫，可見商周數字卦確實有分成兩個用數體系的傾向。

【圖4-4】《歷代鐘鼎彝器款識法帖》周琥數字卦〔註43〕

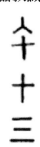

然而，在《筮法》以一代七的現象出現後，商周數字卦所指的「用數體系」，應止於記錄卦畫的層面，而非指成卦法會實際筮出「一」或是「七」。如周代數字卦材料中有一件刻有數字卦與周易卦爻辭的銅戈，學界稱之為「鼎卦戈」。根據董珊的介紹，戈上有兩則易卦，換算成陰陽爻後都是鼎卦。而這兩則易卦中間還有一段鼎卦初、五爻的爻辭，如下：

一六一一一六，曰：鼎趾顛：鼎黃耳，莫趾。五六一一五八。〔註44〕

【圖4-5】鼎卦戈數字卦〔註45〕

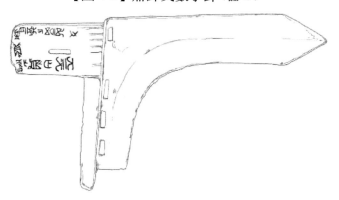

〔註43〕薛尚功：《歷代鐘鼎彝器款識法帖》，頁96。
〔註44〕董珊：〈論新見鼎卦戈〉，收錄於劉釗主編《出土文獻與古文字研究》第四輯，上海：上海古籍出版，2011年12月，頁70。
〔註45〕賈連翔：《出土數字卦文獻輯釋》，頁139。

鼎卦戈是目前所見最早的《周易》卦爻辭材料，時代大約在兩周之際。〔註46〕簡文即為《周易》鼎卦初、五爻的爻辭，可見這兩則易卦都與《周易》有關。需要注意的是，雖然董珊最一開始釋讀時，將右邊的▨解讀為數字卦，但賈連翔認為▨與左邊的▨，在「六」的書寫形式上有很大的差異，顯然是刻寫者有意區別，推測右側的鼎卦是陰陽卦畫的紀錄，而左側的鼎卦才是實占的數字卦，也就是說鼎卦戈是一件陰陽卦畫與數字卦並見的材料。〔註47〕

　　從左側數字卦的筮數組成來看，這裡的「一」應與《筮法》▬的性質相同，都是代表了筮數七的陽爻符號，大衍筮法所得的用數為六、七、八、九；而這兩則筮例則見五、六、八，雖然用數略有不同，但《筮法》有以陽爻符號▬代七的現象，故作此推測。換言之，鼎卦戈所用成卦法的實際用數為五、六、七、八，而非一、六、七、八，只是用字形與「一」相同的陽爻符號來代替七記錄卦畫。

　　至於這則卦例之所以直接以筮數記卦，可能是為了表示變爻的所在。先秦尚未出現爻題，《左傳》、《國語》的筮例占斷或引述《周易》爻辭說理時都用「某之某」來表示，如《左傳·莊公二十二年》筮公子敬仲遇「觀之否」，四爻變，用觀卦六四爻辭「觀國之光，利用賓於王」解卦。〔註48〕又如《左傳·宣公十二年》知莊子就引師卦初爻說明「出師必須要有法制號令」，其曰：「此師殆矣！《周易》有之，在師之臨。曰：『師出以律，臧否，凶。』」〔註49〕師之臨正好是初六變爻。回到鼎卦戈來看，筆者認為可以據此推測先秦《周易》在記錄實際占卜的卦畫時，貞人並不會將筮數轉成陰陽爻書寫，而是直接記錄筮數以明其變爻的位置。〔註50〕

　　若以鼎卦戈反觀商周數字卦的用數體系問題，可以發現《周易》本身就存

〔註46〕董珊：〈論新見鼎卦戈〉，頁70。
〔註47〕賈連翔：〈試論出土數字卦材料的用數體系〉，頁202。
〔註48〕楊伯峻：《春秋左傳注》，頁222。
〔註49〕楊伯峻：《春秋左傳注》，頁726。
〔註50〕然而，大衍筮法得數為六、七、八、九，以九、六為變爻。鼎卦戈所用的成卦法，初步來看得數為五、六、七、八，雖有六卻無九，是否如大衍筮數以七、八為不變之爻，因鼎卦戈無說，有待日後更多材料釐清。

在多種用數體系，不同的用數體系，表示其成卦法也不一致。顯現商周數字卦實際上存在的成卦法可能比想像中還要複雜且多元。如上所述，李學勤將商周數字卦分為兩系，其實僅僅是商周數字卦用數的「傾向」，並非商周數字卦實際使用了「揲蓍法甲」與「揲蓍法乙」兩種成卦法。如邢文所說：「根據目前所見的材料歸納出的揲蓍法甲、乙，還只是一種暫時性的統計學的結論，這種結論隨著統計樣本材料的變化也相應會有所變化。」〔註51〕更何況《筮法》出土後，發現其中有以━代七之象，也揭示了商周數字卦並不能單純的以一、七來區分其成卦法，因為有些「一」有可能是「七」的轉寫。有些學者認為《筮法》可能與「揲蓍法乙」的關係密切或是其孑遺，將揲蓍法乙當成一個實際使用過的成卦法來考察，〔註52〕筆者認為這種論述脈絡不甚恰當。

　　此外，若從解卦法的角度討論商周數字卦的體系問題。藉由戰國的易學材料就可以發現先秦的解卦體系相當多元，除了有《周易》、秦簡《歸藏》這種具有卦、爻辭的解卦系統外，還有《筮法》這類以卦象、爻象、卦爻位、時間等要素綜合占斷且完全不用卦爻辭的解卦系統，可以想見商周數字卦應該也有不同的解卦系統。如邢文很早以前就根據三易認為：

> 數字卦的材料，可以按不同的標準分為不同的類型。商代的甲骨與銅器上所見的數字卦，與周原甲骨所見數字卦未必同類；西周陶器上的諸多數字卦，與戰國楚簡上的數字卦也明顯不同。很多學者在討論數字卦的過程中，實際上每每把數字卦簡單地等同於《周易》的卦，並利用《周易》的卦爻辭對數字卦材料進行解釋。如果沒有必要的討論作為前提，這樣的作法是缺乏充分依據的。「數字卦既然可以轉寫作《周易》卦畫，那麼也不難轉寫作《歸藏》卦畫；《歸藏》既然存在，《連山》也不會子虛烏有。」……數字卦的材料，未必一定屬於《周易》一系；而屬於《周易》一系的數字卦材料，也未必一定屬於我們今天所見的今本《周易》一系。中國古代「易卦」，可以是《周易》卦，也可以是《歸藏》卦，也可以是屬於其他筮占體系的易卦。〔註53〕

〔註51〕邢文：〈數字卦與《周易》形成的若干問題〉，《台大中文學報》第27期，2007年1月，頁15。
〔註52〕如劉光勝：〈從清華簡《筮法》看早期易學轉進〉，頁85～90。劉成群：〈清華簡《筮法》與先秦易學陰陽思想的融入〉，頁14。
〔註53〕邢文：〈數字卦與《周易》形成的若干問題〉，頁12～13。

邢文之說是對當時數字卦研究的反思，由於先秦流傳下來較完備的材料只餘《周易》一部，在材料缺乏的情況下，學者們自然會使用《周易》進行考察。雖然《連山》、《歸藏》由於佚失的關係，目前已難知全貌，但倘若這兩類易學體系如《周禮》所言，也具有八經卦、六十四別卦，那商周數字卦確實有可能不全然使用《周易》的解卦系統。加上《筮法》的出現，更證明了除了三易之外確實有其它解卦系統的存在。事實上，若直接考察商周數字卦的形式，可以發現商周數字卦並不只有六爻卦，還有三爻卦與四爻卦的形式。若這些材料與實占有關，那麼三爻卦、四爻卦、六爻卦所用的解卦原則就很有可能不一致。綜上所述，根據現有材料，目前還無法得知商周數字卦具體有哪些解卦體系。考慮到商周數字卦的形式與時空跨度，縱然往後出土商周時期類似《筮法》這種以數字記卦，又具有系統性的材料，可能也很難用來解讀所有的商周數字卦。同理，要用《筮法》的解卦法考察商周數字卦亦不可行，因為商周數字卦的形式以單卦居多。根據王化平的考證，商周數字卦中兩兩並列的易卦不多，縱然它們與《筮法》的「四位卦」形式有關，那恐怕也不是當時筮占的主流。退一步來說，這些並列的數字卦也不像楚簡數字卦能排除「兩次筮占結果」的可能性，從甲骨的卜法來看，這種並列的數字卦也有可能是「對貞」。〔註54〕

綜合來看，目前很難透過《筮法》得知商周時期易卦的具體解卦法及成卦法，但仍可統計其筮數得到商周數字卦的用數傾向，而透過用數傾向的對比分析，或可嘗試找尋陰陽爻的發展進程。畢竟《筮法》帶來了陰陽爻形成的新觀點——「筮數分工」說，而這個觀點的核心與筮數的頻率有很大的關聯。若將兩者綜合起來考察，應該能對陰陽爻的形成有新的認識。故以下將對商周數字卦進行用數的統計整理，並結合《筮法》帶來的新發現考察陰陽爻發展的相關問題。

（一）商周數字卦的用數統計

由於材料的缺失，故目前還無法按照成卦法或解卦法對商周數字卦進行細緻的分類。故商周數字卦的統計研究，還是只能根據材料的出土年代劃分為「殷商數字卦」與「周代數字卦」兩類。本次統計的對象以王化平及賈連翔

〔註54〕王化平、周燕：《萬物皆有數：數字卦與先秦易筮研究》，頁 100～104、198～200。

所整理的 145 則數字卦材料為主。但這 145 則數字卦中，有些材料很有可能不是經由實際筮占而來，為求統計結果精確，必須先排除可能不是實占的數字卦材料。

在這 145 則數字卦中，暫時排除了 27 則數字卦，這些材料分別是殷墟戚家莊銅戈共 10 件、洛陽北窯銅戈共 3 件、收錄於《殷周金文集成》中 8 件不同的青銅器，以及長安西仁村出土的陶拍。其中，殷墟戚家莊銅戈、洛陽北窯銅戈及《殷周金文集成》所收錄的 8 件青銅器之所以不列入計算，是因為其所刻寫的筮數皆相同。殷墟戚家莊的 10 件銅戈都刻寫了「六六六六」，洛陽北窯銅戈則都刻寫了「一六一」。如果這些數字卦是經由成卦法實際筮得，那筮數組成不太可能都相同。換言之，銅戈上的數字卦，很有可能不是實占的紀錄。基於相同的理由，《殷周金文集成》中所收錄的 8 件青銅器，雖然形制和時代都有所不同，但卻一致地刻寫了「五五五」三個數，也可能不是出自實占，甚至這些文字是否是筮數都還有疑義。〔註 55〕至於長安西仁村陶拍，有筮數的陶拍共有兩件，筮數組成分別為「六一六一六一、一六一六一六」與「八一六六六六、八八六八一八；一一六一一一、一一一六一一」，雖然這 6 則數字卦使用的筮數有六、一（七）、八 3 種，但將這些數字卦轉換成陰陽爻之後，可以得到「既濟、未濟」與「比、師；小畜、履」六卦，李學勤提到：

> 熟悉《周易》卦序的人們都會感覺到，兩件陶拍上的筮數，轉化為《周易》的卦，全然與傳世《周易》卦序相合。師、比、小畜、履四卦是《周易》第七、八、九、十卦，即濟、未濟二卦，是《周易》第六十三、六十四卦。這樣的順序排列，很難說出其偶然。……這種筮數，有的可能是當時占筮的紀錄，但陶拍上的，如果說是實際占筮所得，機率太小了。〔註 56〕

由於陶拍上的易卦組合符合《周易》「非覆即變」的卦序，或可推測這件材料也不是實際筮占所得的數字，故在此也暫時排除這兩件材料。而上述這些材料也說明了商周數字卦並非全部都是筮占所得，只不過商周數字卦多半沒有相關的文字說解，有些甚至相當殘斷，故難以辨析其它數字卦材料究竟是實

〔註 55〕這些青銅器上的「五五五」最初都釋為爻，《殷周金文集成》中甚至以之為器名，如《集成》08857「父乙爻角」、《集成》09322「爻盉」。

〔註 56〕李學勤：《周易溯源》，頁 236～237。

際筮占所得還是基於某種目的刻意書寫。因此，在這個統計中，除了這些明
顯不出於實占的材料之外，其餘商周數字卦仍納入統計。

【圖 4-6】殷墟戚家莊銅戈（M203：15）數字卦〔註57〕

【圖 4-7】殷墟戚家莊銅戈（M210：23）數字卦

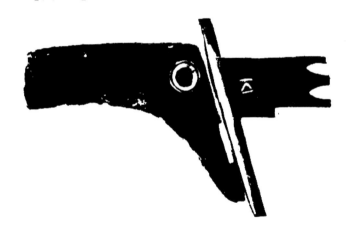

【圖 4-8】殷墟戚家莊銅戈（M210：25）數字卦

〔註57〕此三件銅戈圖版，擷取自蔡運章：〈洛陽北窯西周墓青銅器銘文簡論〉，《文物》
1996 年第 7 期，1996 年 7 月，頁 64。

【圖4-9】長安西仁村西周陶拍（CHX 採集：1）數字卦〔註58〕

【圖4-10】長安西仁村西周陶拍拓片（CHX 採集：2）數字卦拓片

〔註58〕此三張陶拍圖版，擷取自曹瑋：〈陶拍上的數字卦研究〉，《文物》，2002 年第
11 期，2002 年 11 月，頁 66、68。

【圖 4-11】長安西仁村西周陶拍（CHX 採集：2）數字卦摹寫

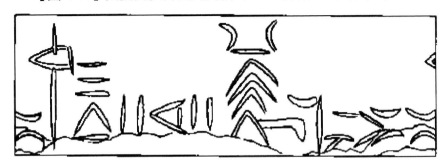

　　另外，商周數字卦中有 10 則一、七共見於一卦的材料，但根據賈連翔的研究，筆者擬將除薛尚功所錄的周琥數字卦以外 9 則數字卦的「一」改讀為「七」，分別為安陽殷墟卜甲「六七一六七九」改讀為「六七七六七九」、黃濬《鄴中片羽二集》所收爵陶範「一七六七八六」改讀為「七七六七八六」、《周原甲骨文》H11：85 卜骨「七六六七一八」改讀為「七六六七七八」、奴爵「八六七六一七」改讀為「八六七六七七」、大保卣「五一七八一□」改讀為「五七七六七□」、〔註 59〕安陽殷墟陶簋「一七八六六七」、「六一七」改讀為「七七八六六七」、「六七七」、西周銅方鼎 2 件「六一七六一六」改讀為「「六七七六七六」。

　　除了上述 10 則材料外，王化平與賈連翔都有收錄的材料中，還有 8 例兩人的釋讀不同。這 8 則數字卦分別刻寫於孝民屯陶範殘片二 1 例、殘片四 1 例、安陽殷墟陶簋殘片 1 例、張家坡西周遺址出土卜骨 1 例、出土骨簇 1 例、齊家村西周遺址出土卜骨 1 例、淳化陶罐 2 例。

（1）孝民屯陶範殘片（二）

　　此則數字卦王化平釋為「八六一六六六」，〔註 60〕賈連翔釋為「八六七六六六」，從圖板來看，被王化平釋為「一」的筮數在「六」之前，並與六的直筆相連。故此例應為合文書寫之「七六」，今從賈連翔之說釋為「八六七六六六」。

<hr />

〔註 59〕賈連翔將大保卣上的數字卦重新釋讀為「五□七六□☑」，但頗疑五下方為「七七六」的合文，可能為「五七七六□☑」，最後一個數字形似「一」，但筆者觀察圖版拓片，發現「一」上方有短豎筆相連，可能是「七」，推測此則數字卦的筮數組成為「五七七六七□」。賈連翔說參氏著：《出土數字卦文獻輯釋》，頁 109。大保卣圖版亦可參賈連翔書，頁 110，或中國社會科學院考古研究所：《殷周金文集成》，北京：中華書局，2007 年 4 月，頁3184。

〔註 60〕王化平、周燕：《萬物皆有數：數字卦與先秦易筮研究》，頁 65。

【圖4-12】孝民屯陶範殘片（二）數字卦〔註61〕

（2）孝民屯陶範殘片（四）

此則數字卦王化平釋為「六一一六八五」，〔註62〕賈連翔釋為「六一一六五五」，從圖版觀之，應從賈連翔之說釋為「六一一六五五」。

【圖4-13】孝民屯陶範殘片（四）數字卦〔註63〕

（3）安陽殷墟陶簋殘片

此則數字卦王化平釋為「六六七六七七」，〔註64〕賈連翔則釋為「六六七六七五」，從圖版來看，左卦「六六七六七」後的末字模糊難辨。王化平並未說明其將末字釋為「七」的理由，而賈連翔釋為「五」是根據宋鎮豪《談談〈連山〉和〈歸藏〉》的釋讀補入。〔註65〕因圖版難辨，故此筮例的末字暫不納入計算，僅計入「六六七六七」。

〔註61〕賈連翔：《出土數字卦文獻輯釋》，頁79。
〔註62〕王化平、周燕：《萬物皆有數：數字卦與先秦易筮研究》，頁65。
〔註63〕賈連翔：《出土數字卦文獻輯釋》，頁81。
〔註64〕王化平、周燕：《萬物皆有數：數字卦與先秦易筮研究》，頁64。
〔註65〕賈連翔：《出土數字卦文獻輯釋》，頁85。宋鎮豪文可參氏著：〈談談《連山》和《歸藏》〉，《文物》2010年第2期，2010年2月，頁53。

【圖 4-14】安陽殷墟陶籫殘片數字卦〔註 66〕

（4）張家坡西周遺址出土卜骨

此則有爭議的數字卦位於該片卜骨上方，王化平認為從拓片來看應釋讀為「一六六六一」，〔註 67〕賈連翔則釋讀為「六一六六六一」。就圖版來看，竊以為賈說為是，此例數字卦應釋為「六一六六六一」。

【圖 4-15】張家坡西周遺址出土卜骨數字卦〔註 68〕

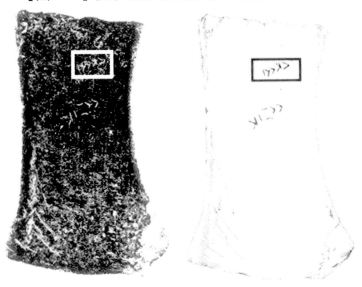

〔註 66〕賈連翔：《出土數字卦文獻輯釋》，頁 81。
〔註 67〕王化平、周燕：《萬物皆有數：數字卦與先秦易筮研究》，頁 66。
〔註 68〕賈連翔：《出土數字卦文獻輯釋》，頁 92。

（5）張家坡西周遺址出土骨簇

　　此則數字卦王化平釋為「五一口」，〔註69〕賈連翔釋為「五一一」，王化平並未說明未釋讀下方「一」的原因，推測可能是因為最下方的「一」較為歪斜之故，或疑似他數的殘筆。但根據圖版，今仍從賈連翔之說釋為「五一一」。

【圖4-16】張家坡西周遺址出土骨簇數字卦〔註70〕

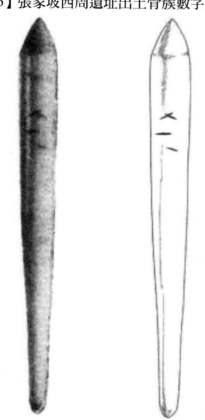

（6）齊家村西周遺址出土卜骨

　　此例數字卦王化平釋讀為「口一六六六八」，〔註71〕賈連翔釋為「一六一六六八」，王化平將上方三個筮數釋為「口一六」，可能是第二個「一」刻劃過於貼近「六」而未被當成筮數，而是當作甲骨上的自然裂痕之故。賈連翔則將該筆釋讀為筮數「一」。從圖版觀之，今暫從賈連翔之說將此例數字

〔註69〕王化平、周燕：《萬物皆有數：數字卦與先秦易筮研究》，頁66。
〔註70〕賈連翔：《出土數字卦文獻輯釋》，頁121。
〔註71〕王化平、周燕：《萬物皆有數：數字卦與先秦易筮研究》，頁67。

卦釋為「一六一六六八」。

【圖 4-17】齊家村西周遺址出土卜骨數字卦〔註72〕

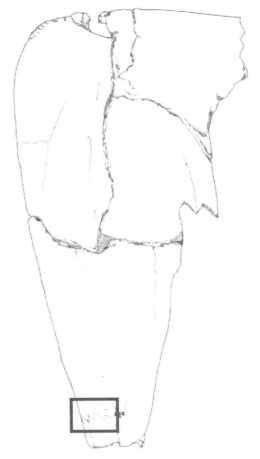

（7）淳化陶罐

　　此件材料包含兩個有爭議的數字卦，王化平將左例釋讀為「一八八一一一」，右例釋讀為「一一六一八五」。〔註73〕賈連翔提到左邊筮例五爻及右邊筮例二爻的「八」，李學勤後來都改釋為「九」，故這兩則筮例應為「一九八一一一」及「一一六一九五」。〔註74〕

〔註72〕賈連翔：《出土數字卦文獻輯釋》，頁 124。
〔註73〕王化平、周燕：《萬物皆有數：數字卦與先秦易筮研究》，頁 69。
〔註74〕賈連翔：《出土數字卦文獻輯釋》，頁 131。

【圖4-18】淳化陶罐數字卦〔註75〕

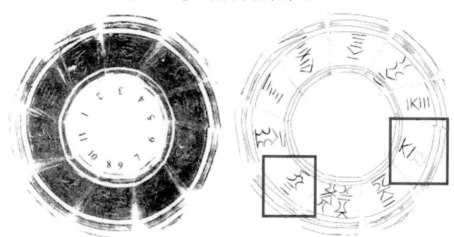

最後，王化平將陝西鳳雛村周原遺址 H11：90 的數字卦讀為「□□六六七一」，曹瑋《周原甲骨文》原將該片筮數讀為「六六七」。根據圖板，最下方的橫畫殘斷，可能非記卦符號，故今照曹瑋原釋讀為「六六七」。〔註76〕

根據上述條件，118 則商周數字卦經統計歸納後可得筮數頻率及機率如下表，機率計算四捨五入至小數點第一位：

【表4-3】商周數字卦筮數頻率表

筮　　數		一	二	三	四	五	六	七	八	九
殷商	頻率	21	0	0	0	13	83	53	27	3
	機率	10.5%	0%	0%	0%	6.5%	41.5%	26.5%	13.5%	1.5%
周代	頻率	136	0	0	0	21	122	45	71	8
	機率	33.7%	0%	0%	0%	5.2%	30.3%	11.2%	17.6%	2.0%

從表格來看，可以發現商周數字卦用數的幾個傾向：

其一、商周數字卦都不見「二」、「三」、「四」三個筮數。

其二、「五」、「八」、「九」三個出現頻率較低的數，在商、周兩代的比例並沒有太大的改變，差距最多的八也只有 4.1% 的落差。

其三、周代的「六」較之殷商下降了 11.2%，從陰陽的比例來看，殷商的陽爻為 45%、陰爻為 55%；周代陽爻為 52.1%、陰爻為 47.9%。殷商陰陽爻的

〔註75〕賈連翔：《出土數字卦文獻輯釋》，頁 132。
〔註76〕圖版請參曹瑋：《周原甲骨文》，頁 67。

比例差距較大，為 10%，周代則只有 4.2%。然而，殷商只有 40 則易卦，周代有 78 則，卦例較多的周代數字卦陰陽比例較殷商更趨近於平衡。另外，楚簡中易卦較多的《筮法》陰陽爻的比例分別是 49.7% 與 50.3%，也近於平衡。而筮例少的包山、天星觀、新蔡簡，其陰陽爻比例分別是 48.5% / 51.5%（包山）、37.5% / 62.5%（新蔡）、58.3% / 41.7%（天星觀），差距較大。而殷商數字卦的六雖然比周代數字卦高了 11.2%，但八的比例只差了 4.1%。故推測這 11.2% 的差距是殷商數字卦筮例過少所造成的誤差。綜合來看，不論是殷商或是周代，六都是主要的陰數。

其四、殷商數字卦的七雖然是陽數最多者，但與陰數最多的六有不小的差距，為 15%，一、七加起來的比例方與六相近（37% / 41.5%）。

其五、周代數字卦「一」的比例大增，與殷商數字卦相比有 23.2% 的增幅，而七的比例大減，少了 15.3%，可見周代數字卦有由七轉變成一的趨勢。

（二）由《筮法》與商周數字卦的用數傾向看陰陽爻符號的形成

關於陰陽卦畫的形成，一直以來都是學界亟欲解決的問題之一。如本文在文獻回顧中所提及，在數字卦的觀念萌芽之初，張政烺曾提出「筮數兼併說」嘗試解釋陰陽符號的形成問題，此觀點的產生，在於商周數字卦一、六兩數的出現頻率高，且沒有出現二、三、四 3 個數，故張政烺推測二、四可能合併到六之中，而三則合併到一之中，方造成這種現象。並進一步推測如果一包含三，六包含二、四，那就說明一、六已經具備抽象符號的性質，可以看作是陰陽爻的萌芽。〔註 77〕其後，不少學者贊同張政烺之說，如韓自強認為陰陽符號是一、六兩數經過漫長的合併，最終在戰國時期完成抽象化：

> 商代和西周使用的都是一、五、六、七、八、九這六個數字，所不同的是商代使用頻率最多的是六、七、八，其次是一、五、九；西周使用頻率最多的是一、六、八，其次是七、五、九；到了戰國，天星觀楚簡用的是一、六、八、九；包山簡用的是一、五、六、八，用的都是四個數字，兩處楚簡使用頻率最多的是一、六、八，其次是五、九。值得注意的是王家台秦簡已從楚簡用四個數變成三個數，而這三個數正是楚簡使用頻率最多的一、六、八。從秦簡的一、六、八變成漢初的一、八，演變過程的時間似乎有些短促，如果把戰國

〔註 77〕張政烺著，李零等整理：《張政烺論易叢稿》，頁 48。

中晚期的時間也算在演變過程內，就不會顯得很短促了。〔註78〕季旭昇也有相同的看法，但其認為西漢卦畫是向一、八集中而非一、六。〔註79〕然而，隨著研究的深入，這個觀點開始受到質疑。如李宗焜認為從戰國、西漢的出土材料來看，筮數整併的觀點顯然不可信：

> 如果周初的易卦就是由「一」跟「八」兩個數字組成，而易卦與數字卦關係又是如此密切，依事物由繁趨簡的原則，何以到戰國楚簡還有一、五、六、八、九等數字組成的易卦？……如果易卦所謂的「一、八」真由數字卦變來，漢初各種《周易》寫本已均是「一、八」形態，何以時代上「下迄西漢晚期」的四川理縣出土的雙耳陶罐，還出現「一八七一八九」的數字卦？……這個晚出的陶罐數字卦，似乎反對了易卦由數字卦變來的時代進程，也反對了戰國時代數字向一、六、八集中進而只剩一、八的說法。〔註80〕

李宗焜根據戰國以後出土的易卦材料，推測數字卦與易卦是兩個不同的系統，並非一脈相承的關係，陰陽爻也非數字卦變化而來。〔註81〕吳勇也認為出土文獻中的易卦符號，應該區別為經文和實際筮占，而不是以時期劃分為數字卦和陰陽爻。〔註82〕也就是說，戰國、西漢時期出土的兩類易類材料，只因用途不同而使用了不同的記卦形式，兩者並不存在著傳承的關係，因此筮數整併說並不是陰陽爻形成的主因。

不過，《筮法》的出現讓爭論已久的陰陽爻的形成問題有新的突破，有以下三點：

其一、《筮法》證明了楚簡數字卦的記卦符號都是數字，顯現戰國中晚期仍存在多個數字記卦的現象，說明筮數從商周一路整併、簡化到戰國只剩兩個數字的「筮數兼併說」不確。《筮法》的筮例以多個筮數記卦，而在〈地支與爻〉、〈卦位圖〉等與筮占案例無涉的章節中，卻又全以一、八兩個符號記卦，說明了「數字」只是一種記卦形式。誠如吳勇所言，先秦的筮者或許會根

〔註78〕韓自強：《阜陽漢簡《周易》研究》，頁90。

〔註79〕季旭昇：〈古文字中的易卦材料〉，該文收入劉大鈞主編：《象數易學研究（第三輯）》，成都：巴蜀書社，2003年3月，頁19～20。

〔註80〕李宗焜：〈數字卦與陰陽爻〉，頁287～290。

〔註81〕李宗焜：〈數字卦與陰陽爻〉，頁290。

〔註82〕只不過如上文所言，吳勇認為數字卦系統是不存在的，而今根據《筮法》可知其說不確。吳勇：〈也談所謂「楚簡數字卦」問題〉，頁25。

據用途轉換數字記卦與陰陽爻記卦，顯現「數字卦」並不是一套獨立的易學體系。

其二、《筮法》也證明戰國時期的陽爻符號已經定型成「━」，其中「━」又同時代表筮得頻率高，具有「純陽」概念的筮數七，顯現商周數字卦也很有可能具有以━代七的現象。

其三、根據《筮法》的筮數頻率與性質，若干學者提出了「筮數分工」的理論，其理論認為陰陽爻的形成確實與筮數有關，雖然實占與筮書文獻的記卦方法確實不同，但陰陽爻與筮數並非如李宗焜所言毫無關連。

「筮數分工」理論是以筮數頻率及筮數性質為依據而形成的一套新理論，《筮法》所使用的六個筮數中，四、五、八、九都具有特殊的爻象，甚至立有〈爻象〉專節特別說明。而六、一（七）則沒有特殊的爻象，根據與實占無關的《筮法》篇章及《別卦》、秦簡《歸藏》也都用六、一記卦來看，六、一（七）明顯具有陰、陽的性質。由於四、五、八、九的出現頻率低，六、一（七）的出現頻率高，學界推測特殊筮數與陰陽爻的區別，很有可能與筮得機率的高低有關。即六、一（七）的筮得機率高，才使其成為陰陽爻的代表，四、五、八、九的筮得機率低，方賦予其特殊性，形成多元的爻象系統。只不過「筮數分工」理論還有兩個問題需要進一步釐清。首先關於陰爻，《筮法》、《別卦》以及秦簡《歸藏》都是用 ∧ 記陰爻，根據「筮數分工」的理論，可以推測陰爻符號當是從筮數六轉化而來。但是上博、阜陽、馬王堆《周易》的陰爻爻形卻是 ⋀（上博）或 ⌐∟（馬王堆），與數字八相似（ ∧ ），如果 ⋀、⌐∟ 也是經過筮數分工的理論而來，那其來源應該是筮數八而非筮數六。因此，陰爻符號究竟是從哪一個數而來的呢？其次關於陽爻，雖然從《筮法》可知━其實是筮數七，但━的字形是數字一而非七，那麼━的來源究竟是數字一還是數字七呢？以下將就這兩個問題分別論述。

1. 陰爻 ∧、⋀ 的形成問題

如上所述，戰國至西漢的易學材料中可見 ∧ 與 ⋀、⌐∟ 兩種陰爻爻形，如果它們是經過筮數分工而來，那就代表了陰爻的來源不只筮數六，還有筮數八。然而在《筮法》的體系中，筮數八是一個特別的筮數，比例並不高。且商周數字卦的用數傾向也以「六」為主，那麼筮數八是如何透過「筮數分工」成為陰爻符號呢？對此，學者大多認為 ⋀、⌐∟ 的形成當與大衍筮法有關。如

劉成群所言，若按照董光壁的推算，可以發現大衍筮數中七、八兩數的比例較高：七的筮得率為 5/16（31.25%），八的筮得率為 7/16（43.75%）。而九的筮得率只有 3/16（18.75%），六則更低，只有 1/16（6.25%）。同時《周易》的筮數在功能上也有分工的現象，《周易》以九、六變爻為占，因九、六筮得機率較低，故作為變爻具有實質的筮占意義。七、八筮得機率較高，故成為陰陽爻符號的爻形。〔註83〕因此，上博、阜陽、馬王堆《周易》之所以用 ━、▬ / ⌐⌐ 記卦，實際上與成卦法的用數體系有關。〔註84〕也就是說，╱╲ 與 ▬ 的區別在於成卦法，雖然《筮法》具體的成卦法不明，但根據學者們的擬測，可知筮得六、七比例較高的成卦法確實有可能存在，╱╲ 來自於《筮法》這種筮數六出現頻率較高的成卦法，而 ▬ 則來自於大衍筮數這種筮數八出現頻率較高的成卦法。

　　然而，從商周數字卦的筮數機率來看，筮數八的比例雖然略高於五、九兩數，但比例仍不及筮數六，這是否代表《周易》在商周時期並非主流呢？從鼎卦戈的用數來看顯然並非如此。如上所述，鼎卦戈的用數為五、六、一（七）、八，而非大衍筮數的六、七、八、九，顯現同一種解卦法所用的成卦法可能不只一種。藉由鼎卦戈的用數與大衍之數不同這點，或可推測西周時期的《周易》很可能使用了某種筮數六筮得機率高的成卦法。雖然目前尚不能確定商周數字卦到底有幾種成卦法，但大多數的成卦法筮得六的機率都應當偏高，才會造成商周數字卦 ╱╲ 出現頻率高的現象。而商代筮數六與八的比例，和周代相比前者下降了 11.2%，後者上升了 4.1%，或可推測大衍筮法這類較易筮得筮數八的成卦法，是一種比較晚出現的成卦法。直到周代才開始出現，使筮數六的比例有所下降，而筮數八的比例略有提升。只不過這類成卦法，在周代仍未形成主流，故筮數六的出現比例仍高於筮數八。從上博《周易》來看，這類成卦法至少到戰國時期才被大量使用，使筮數八逐漸具有陰爻的特質。

2. 陽爻 ━ 的形成問題

　　陽爻 ━ 的形成問題較為複雜，因為 ━ 與 ╱╲ 的狀況並不相同，透過簡序與易卦符號的對比，可以明確知道作為陰爻爻形的 ╱╲ 確實來自筮數六。

〔註83〕劉成群：〈清華簡《筮法》與先秦易學陰陽思想的融入〉，頁 15～19。

〔註84〕丁四新：〈數字卦研究的階段、貢獻及其終結〉，《周易研究》第 151 期，2018 年 10 月，頁 48。

但 ━ 為數字一的字形，在《筮法》中又明確代表筮數七，產生了 ━ 究竟是從筮數一還是七而來的問題。按照「筮數分工」的理論，━ 的來源有兩種可能，其一、由筮數一而來，並在數字卦的發展過程中逐漸取代七，發展成陽爻符號。其二、為筮數七的簡寫，由 ┼ 抽象簡化而來，與數字一無涉。

　　首先關於第一種說法，雖然從周代數字卦來看，━ 確實佔了很高的比例，但如果 ━ 是由筮數一而來，會產生兩個問題。其一、《筮法》出土後，皆不能排除商周數字卦的「━」有七轉寫的可能性。雖然從薛尚功《歷代鐘鼎彝器款識法帖》所收錄的周琥數字卦可見「一」與「七」仍有可能共存一卦之中，即「━」確實有作為筮數一使用的狀況。但從殷周數字卦一、七比例的變化來看，卻又明顯可見「七」有向「一」轉移的趨勢。如果這種現象是成卦法造成，那就代表殷商至西周這段時間，筮得筮數七機率較高的成卦法逐漸沒落，而筮得筮數一機率較高的成卦法逐漸被廣泛使用，才會造成筮數一頻率較高而成為陰陽爻的現象。然而，這卻造成了一種奇怪的現象。首先，《筮法》中的 ━ 其實是筮數七，雖然《筮法》的具體成卦法未明，但可以確定其用數體系並沒有筮數「一」的存在。而大衍筮法的結果為六、七、八、九四個筮數，也不會筮得「一」。因此，如果西周大量出現的「━」是實際筮占得數的話，那何以戰國時期只存筮數七筮得機率高的成卦法，而筮數一筮得機率高的成卦法反而消失了呢？正如丁四新所言：

> 在易卦中，以「一」表示數字「七」究竟是從何時開始的，這是一個目前難以準確回答的問題。不過反過來看，那種殷周（特別是西周）筮卦中的數字「一」，一律如字看待，而否定其表示數字「七」的可能，這種看法在目前也是難以成立的。筆者認為，殷周易卦的「一」如果不是全部，那麼有可能大部份表示數字「七」；否則，我們無法面對和回答從商周到戰國楚簡、清華簡《筮法》、《別卦》，再到秦簡《歸藏》之易卦，在卦畫上高度相似性和一致性問題。〔註85〕

誠如丁四新所言，雖然周代數字卦「一」的比例高於七，但不能排除其中有些「一」其實是「七」的可能。戰國時期所見的《筮法》乃至於《周易》的大衍筮法用數也都是以筮數七為主，如果周代數字卦大量出現的「一」都是

〔註85〕丁四新：《周易溯源與早期易學考論》，北京：中國人民大學出版社，2017 年
　　　　2 月，頁 25～26。

實際筮得的筮數一，則殷商至戰國成卦法的用數傾向會呈現出一種奇特的現象，即主流的成卦法由殷商的易於筮得筮數七，至周代轉變為易於筮得筮數一，到了戰國卻又易於筮得筮數七。相較之下，若假設周代數字卦的一其實都是筮數七，反而能很好的解釋殷商到戰國的用數傾向：「商周至戰國時期，筮數七都是主要的用數，只不過筮數發生了轉寫，以符號 ▬ 代替七」。就此來看，商周數字卦，尤其是周代的數字卦應該也有以 ▬ 代七的現象，若商周數字卦中的 ▬ 並不是筮數一，那麼 ▬ 也不會是筮數一經由筮數分工而來。其二、若從成卦法的角度延伸來看，若 ▬ 是由筮數一而來的話，那麼按照「筮數分工」的理論，筮數一、六必須同時具有很高的筮得概率。從商周數字卦的用數傾向來看，「二、三、四」三個數從來沒有出現過，也就是說這種成卦法至少要達成一、六的筮得機率高，且不出現二、三、四這兩個條件。雖然一、七共存的數字卦表明了有跳過二、三、四筮得六、七的可能，但這種案例非常的少，在商周 145 則數字卦中僅出現 1 例，說明這種成卦法可能不是商周的主流筮法。實際上根據現有的大衍筮法，也很難模擬出這種成卦法。就這兩點來看，目前還很難說 ▬ 是由筮數一經由筮數分工而來的。既然 ▬ 的爻形並不是由筮數一轉變而來，那麼就只剩下由筮數七抽象而來這個可能。只是數字七的字形是 ✚，而 ▬ 卻是數字一的字形，✚ 要如何轉變成 ▬ 呢？從現有的材料來看，學者們認為較有可能是 ✚ 的簡寫，如王化平認為從《筮法》四、五、六、九都有簡寫的狀況來看，在易學在發展的過程中有可能對「七」的字形進行簡化，加上筮數七的筮得頻率高，與筮數六都具有代表陰、陽的特殊性質，故對「七」的字形進行簡化、抽象有其必要性。〔註 86〕對此，丁四新說得更為具體，認為這種簡化可能是為了簡省簡牘空間，約定俗成所致：

> 何以「七」字在易卦中要省去一豎筆而寫作「一」呢？這可能需要從筮卦（數字卦）書寫的特殊性來做解釋。在楚文字中，「七」由一長橫筆家一短豎筆構成 ✚，而由於在數字卦中這一豎筆會擠佔上下空間，且「七」為經爻、體爻，在卦中出現的次數特別多，所以久而久之，有可能占筮者遂約定數字「七」省書作「一」形。〔註87〕

〔註 86〕王化平、周燕：《萬物皆有數：數字卦與先秦易筮研究》，頁 185～186。
〔註 87〕丁四新：《周易溯源與早期易學考論》，頁 22～23。

其說可從，從包山、新蔡簡的卜筮紀錄來看，貞人在實際記錄易卦時，並不會像《筮法》分成兩簡書寫，而是直接寫在同一簡中，如下表所舉的幾則記錄：

包山【201】	包山【210】	包山【245】	新蔡甲二【37】	新蔡甲三【112】	新蔡甲三【302】

有時候簡牘空間較為足夠，筮數間的間隔就會稍微大一些，如上表的新蔡甲三【302】。但有時候簡牘的可用空間較小，必須壓縮易卦的書寫空間，如包山【210】、新蔡甲三【112】。如果筮數七仍寫成 十，確實會如丁四新所說，佔用較大的簡牘空間。若簡牘空間足夠那還無妨，但如果空間不足必須壓縮書寫， 十 是不利於縮減書寫空間的。因此，雖然 十 寫成 一 並不像四、五、六、九是為了避免筮數間產生混淆而簡寫，但同樣是受到易卦上下書寫的形式影響，進而產生字形上的簡化。若從商周數字卦的用數傾向來看，這種簡化在周代就十分普遍了，需要注意的是這種簡化只有七作為筮數時才有可能發生，平時作為數字使用時，由於會與數字一產生混淆，故不會簡寫成 一，這也是為何在簡序與楚簡數字中，沒有看到 一 作為七使用的原因。

（三）小　結

綜上所述，陰陽爻的產生應與筮數的筮得機率有關， 一 來自筮數七，八、乂 來自筮數六與筮數八，從《筮法》與大衍筮法的用數傾向來看，可知筮得機率較高的筮數字形很有可能就是陰陽爻爻形的來源。陽爻 一 雖然在字形的層面上與數字一相近，但它其實與數字一無關，其原因有二：一是以現有的成卦法，很難推導出筮數一、六比例極高，又不會出現二、三、四三個數的成卦法。雖然有一、七共存的案例存在，但材料過少，顯現這種用數

體系並非主流，不能構成筮數一筮得機率高的條件。二是根據《筮法》以一代表七的現象，說明商周數字卦的一皆有可能是筮數七的轉寫。而造成這種簡寫的原因應與易卦的書寫形式和載體有關。從商周數字卦用數傾向的變化來看，可知這種簡寫在周代已十分普遍。到了戰國，易卦紀錄的符號中已經沒有十的出現，顯現一已經固定為陽爻的爻形。

而陰爻ㅅ、ㅍ都作為陰爻的爻形使用，會出現兩種爻形的原因與成卦法的用數體系有很大的關聯，ㅅ出於《筮法》這種筮數六筮得機率高的成卦法，ㅍ則出於大衍筮法這種筮數八筮得機率高的成卦法。其中，根據商周數字卦筮數六比例較高，筮數八比例較低的現象，可推測商周數字卦的主流成卦法比較容易筮得六。像大衍筮法這種容易筮得筮數八的成卦法在商周時期並非主流，要到戰國時期才逐漸流行，進而使筮數八抽象化為陰爻爻形。同時，從戰國時期楚簡易卦材料中還並存這兩種符號的現象來看，可知現在所用的陰爻爻形--，相當晚才固定下來。

第二節 《筮法》與《歸藏》、《周易》的關聯

《周禮·春官·宗伯》記載上古有所謂的「三易」：「大卜……掌三易之法。一曰連山，二曰歸藏，三曰周易。」〔註88〕，此「三易」指三種不同的易學體系，分別是《連山》、《歸藏》、《周易》。然而，從《筮法》的內容來看，本節主要的討論對象其實只有《歸藏》與《周易》，《連山》並不在討論的範圍之內。雖然在傳世文獻中，《連山》與《歸藏》都已經亡佚，目前只有清代考據學者所輯的殘本，但 1993 年湖北江陵荊州鎮邱北村王家台 15 號秦墓出土了一篇易類文獻，與輯本《歸藏》的《鄭母經》、《啟筮》等篇多有可參之處，證明《歸藏》並非後人偽作，確實是成於先秦的易學文獻。而《連山》目前則沒有可供勘對的出土文獻，再加上《北史·劉炫傳》載有劉炫偽作《連山》一事，〔註89〕故不能確定目前所存的輯本《連山》是否是先秦時期的古易。此外，輯本《連山》除了馬國翰根據干寶《周禮注》與羅泌《路史》收進的《說

〔註88〕【漢】鄭玄注，【唐】賈公彥疏：《周禮注疏》，頁 370。
〔註89〕《北史·劉炫傳》：「時牛弘奏購求天下遺逸之書，炫遂偽造書百餘卷，題為《連山易》、《魯史記》等，錄上送官，取賞而去。」【唐】李延壽：《北史》，北京：中華書局，1974 年 10 月，頁 2764。

卦傳》第五章外，〔註90〕也沒有能與《筮法》對讀的內容。因此，本節不將《連山》納入討論，論述核心將聚焦於《歸藏》、《周易》兩篇文獻，透過《筮法》與這兩篇文獻的關聯及異同論述先秦易學發展的相關問題。

一、《筮法》與《歸藏》之間的關係

（一）秦簡、輯本《歸藏》未必是三易《歸藏》

在談論《筮法》與《歸藏》的關係之前，有一個前提必須說明，那就是輯本、秦簡《歸藏》未必就是《周禮》「三易」中的《歸藏》。雖然這個問題目前尚有爭論，但從《歸藏》的傳世軌跡與現有的出土材料來看，實際上還很難確定輯本、秦簡《歸藏》就是三易中的《歸藏》。〔註91〕

關於輯本《歸藏》與三易《歸藏》之間的關係，歷代大多認為輯本《歸藏》的內容是三易《歸藏》的遺存，惟有少數學者認為《歸藏》雖是殷易，但晉、隋以後被廣泛徵引的《歸藏》是偽書。〔註92〕不過，自從1993年秦簡《歸

〔註90〕【清】馬國翰輯：《玉函山房輯佚書（壹）》，揚州：廣陵書社，2004年11月，頁26。

〔註91〕《歸藏》的傳世源流有很多學者都整理過，歸藏之名最早見於《周禮·春官·宗伯》的「大卜」與「筮人」的職掌中。而桓譚《新論》：「《連山》八萬言，《歸藏》四千三百言，夏易繁而殷易簡。」又曰：「《連山》藏於蘭台，《歸藏》藏於太卜。」提到《歸藏》在西漢似乎被藏於中央，握於太卜令之手，並認為《連山》、《歸藏》是夏、殷兩代之易。只不過胡應麟提到生卒年較桓譚稍早的劉歆，其所著的《七略》中並沒有記載《歸藏》這部書，東漢班固所著《漢書·藝文志》中亦無收錄。然而，鄭玄注《周禮》時云：「《歸藏》者，萬物莫不歸而藏於其中。杜子春云：『《連山》宓戲，《歸藏》黃帝。』」提到東漢經師杜子春認為《歸藏》是黃帝時易。接著，《鄭玄》在注《禮記·禮運》的「坤乾」時又云：「得殷陰陽之書也，其書存者有《歸藏》。」認同桓譚之說，指《歸藏》為殷易。需要注意的是，在晉代之前，《歸藏》都是只見其名而不見其文，直到晉代之後才見到徵引。在鄭玄之後，《歸藏》也是到晉代的《中經書目》才又見著錄，同時，晉代也開始有學者徵引《歸藏》之文，如張華《博物志》、干寶《周禮注》等等。隋唐時，《隋書·經籍志》記有晉薛貞注《歸藏》十三卷。到了宋代，《中興書目》只存《初經》、《齊母》、《本蓍》三篇：「《歸藏》，隋世有十三篇，今但存《初經》、《齊母》、《本蓍》三篇，文多闕亂，不可訓釋。」可見隋唐的十三卷《歸藏》至宋代也已亡佚大半，而明清以降，連這三篇也亡佚了，現今所見的《歸藏》是清代考據學者從歷代文獻中的隻字片語中擷取而來。可參【清】馬國翰輯：《玉函山房輯佚書（壹）》，頁32的概說。

〔註92〕馬端臨曰：「連山、歸藏乃夏商之易，本在周易之前，然《歸藏》《漢志》無之，《連山》《隋志》無之，蓋二書至晉、隋間始出，而《連山》出於劉炫偽作，此史明言之，度《歸藏》之為書，亦此類爾。」其鑒於《連山》有偽作

藏》出土之後，已經可以證明偽書的說法不確。只是秦簡《歸藏》的出土，卻重新引發了輯本《歸藏》是否就是三易《歸藏》的爭論。而爭論的關鍵，在於學者們對東漢以前《歸藏》流傳過程的信任度不同，其中一派學者認為桓譚、鄭玄之說可信，由於秦簡《歸藏》證明輯本《歸藏》的內容確實是先秦文獻，故推測三易中的《歸藏》到漢代其實都沒有亡佚，秦簡、輯本《歸藏》所載即是殷易《歸藏》所遺留下來的內容。如李家浩、林忠軍、梁韋弦等學者都持此論。〔註93〕另外一派學者則認為漢人將《歸藏》歸於殷易的論述為晚出之說，主張秦簡、輯本《歸藏》並非殷易《歸藏》。如任俊華、梁敢雄、程二行、彭公璞、辛亞民等學者皆持此論。〔註94〕筆者認為從杜子春、鄭玄的說法及《七略》、《漢書‧藝文志》未錄《歸藏》的現象來看，說《歸藏》是殷易確實很有問題。若《周禮》三易中的《歸藏》不是殷易，那麼也沒有太多證據表明秦簡、輯本《歸藏》就是《周禮》三易中的《歸藏》。

　　事實上，《周禮》中並沒提到《歸藏》屬於殷易，《周禮‧春官‧宗伯》：「大卜……掌三易之法。一曰連山，二曰歸藏，三曰周易。其經卦皆八，其別皆六十有四。」〔註95〕只提到《連山》、《歸藏》、《周易》是同時存在的三種筮書，而這三種筮書都有八經卦與六十四別卦。雖然林忠軍認為《周禮》將《連山》、《歸藏》置於《周易》之前，似乎說明了《歸藏》早於《周易》，並以此論證《歸藏》為殷易。〔註96〕但辛亞民反對這種說法，認為《周禮》並沒有明確說明三易的先後順序：

之實，推測晉代以後所見的《歸藏》引文很有可能是後人偽作。而張心澂在《偽書通考》中，亦將《隋書‧經籍志》所載的十三卷本《歸藏》視為偽書。【清】馬國翰輯：《玉函山房輯佚書（壹）》，頁42。張心澂：《偽書通考》，臺北：宏業書局，1979年10月，頁21。

〔註93〕李家浩：〈王家台秦簡「易占」為《歸藏》考〉，《傳統文化與現代文化》1997年第1期，1997年2月，頁46～48。林忠軍：〈王家台秦簡《歸藏》出土的易學價值〉，《周易研究》第48期，2001年5月，頁4～6。梁韋弦：〈《歸藏》考〉，《古籍整理研究學刊》2011年第3期，2011年5月，頁1～2。

〔註94〕任俊華、梁敢雄：〈《歸藏》、《坤乾》源流考——兼論秦簡《歸藏》兩種摘抄本的由來與命名〉，《周易研究》第56期，2002年12月，頁15～17。程二行、彭公璞〈《歸藏》非殷人之易考〉，《中國哲學史》2004年第2期，2004年5月，頁100～102。辛亞民：〈《歸藏》殷易說考辨〉，《中國哲學史》2017年第1期，2017年2月，頁47～51。

〔註95〕【漢】鄭玄注，【唐】賈公彥疏：《周禮注疏》，頁370。

〔註96〕林忠軍：〈王家台秦簡《歸藏》出土的易學價值〉，頁8。

古書中將幾種同類或性質相關事物並舉屬於常見現象，其內在邏輯
或有時間序列的意義，或無時間序列的意義。《周禮》將「三易」並
舉，並沒有充分證據說明「三易」是一種時間上的順序，由此得出
「《歸藏》早於《周易》」的結論更多的只是一種推測，更不能由此
而認為《歸藏》為殷易。所以，《周禮》關於「三易」的提法只能夠
證明《歸藏》是與《連山》、《周易》並存的一種占筮之書。〔註97〕

誠如其所言，其實《周禮》這種「一曰A，二曰B，三曰C」的列舉句式很
多，如《周禮·春官·宗伯》提到大祝的職能曰：「大祝掌六祝之辭……一
曰順祝，二曰年祝，三曰吉祝，四曰化祝，五曰瑞祝，六曰筴祝。」〔註98〕
其中順祝、年祝、吉祝等等就沒有時間上的意義。此外，「大卜」的職掌除
了「三易」之外，還有「三兆」、「三夢」之法：

大卜掌三兆之法，一曰玉兆，二曰瓦兆，三曰原兆。……三夢之法，
一曰致夢，二曰觭夢，三曰咸陟。〔註99〕

鄭玄在注「三兆」時也引述杜子春之說：「杜子春云：玉兆，帝顓頊之兆。瓦
兆，帝堯之兆。原兆，有周之兆。」〔註100〕將「三兆」與顓頊、堯連結在一
起。從《歸藏》源流來看，杜子春對「三易」也有類似的論述：「《連山》宓
戲，《歸藏》黃帝。」〔註101〕但「三夢」鄭玄所引的杜子春說就沒有見到這種
說法，只有鄭玄提到「觭夢」是「殷人作焉」，也就是說杜子春只連結了「三
兆」、「三易」與古聖先王的關係，對「三夢」則無說，若杜子春認為「三夢」
也與古聖先王有關，那麼鄭玄應該會加以引注才是。事實上，已經有學者提
到杜子春將「三兆」、「三易」連結古聖先王的觀點，並沒有太堅實的證據，而
是與其學術立場有關。如程二行、郭公璞所述：

杜子春受業於劉歆，故用劉氏「三統三辰」之意說《周禮》「三易」、
「三兆」之名。是「三代易說」的始作俑者，實為杜子春。其後經
由師門授受，不斷修正與補充，至東漢後期，「夏、商、周三代之易」
隨古文經學之盛而大行於世。〔註102〕

〔註97〕辛亞民：〈《歸藏》殷易說考辨〉，頁48。
〔註98〕【漢】鄭玄注，【唐】賈公彥疏：《周禮注疏》，頁383。
〔註99〕【漢】鄭玄注，【唐】賈公彥疏：《周禮注疏》，頁369、371。
〔註100〕【漢】鄭玄注，【唐】賈公彥疏：《周禮注疏》，頁369。
〔註101〕【漢】鄭玄注，【唐】賈公彥疏：《周禮注疏》，頁370。
〔註102〕程二行、彭公璞〈《歸藏》非殷人之易考〉，頁101。

也就是說，杜子春將「三易」與「三兆」連結古聖先王是受到了漢代三統說的
學術氛圍所影響，後世所謂三易為夏、商、周之易，其實是從這個學術脈絡
中發展而來。另外，質疑《歸藏》為殷易說的學者們都會提到賈公彥所疏的
一條材料：

> 子春云：「玉兆，帝顓頊之兆。瓦兆，帝堯之兆。原兆，有周之兆」
> 者，趙商問此，並問下文：「子春云：『連山宓戲，歸藏黃帝。』今
> 當從此說以不？敢問杜子春何由知之？」鄭答云：「此數者非無明
> 文，改之無據，故著子春說而已。近師皆以為夏殷周。」鄭既為此
> 說，故《易贊》云：「夏曰連山，殷曰歸藏。」又注《禮運》云：「其
> 書存者有《歸藏》。」如是玉兆為夏，瓦兆為殷可知，是皆從近師之
> 說也。〔註103〕

程二行、郭公璞指出這段話說明了兩個現象，其一、「夏、商、周三代之易」
出於東漢近師之說。其二、「非無明文，改之無據」說明鄭玄不能確定《歸藏》
是殷易，所以才列了杜子春的觀點備以一說，同時也沒有辦法說杜子春的觀
點不確。〔註104〕這顯現東漢時期《歸藏》是否為殷易本身就存在著異說，學
者也莫能辨之。就此來看，三易《歸藏》為殷易的說法很有可能是漢代經師
受到三統說的影響而加以附會而來，實際上《周禮》並沒有提到「三兆」、「三
易」與顓頊、堯、伏羲、黃帝等古聖先王以及夏、商、周三代有關，因此，
三易《歸藏》未必是殷商之易，「三易」、「三兆」、「三夢」很有可能如辛亞民
所言，其順序並沒有時間先後的意義。

　　在秦簡《歸藏》出土後，也有一些學者根據秦簡《歸藏》的內容判斷這本
筮書並不早出，很難說是三易中的《歸藏》。如李學勤提到秦簡《歸藏》的卦
辭中有穆天子、武王伐殷、宋君等人物，說明秦簡《歸藏》的成書時間相當晚。
〔註105〕只不過，也有學者從秦簡《歸藏》與《周易》相異的卦名，以及卦辭
存在夏后啟、殷王貞卜的事實，推測秦簡《歸藏》的來源比《周易》早。至於
為何有時代較晚的穆天子、武王、宋君這個問題，則以「後人的改造與增補」
解釋。〔註106〕然而，這種說法的論述思路，通常都以三易中的《歸藏》是殷

〔註103〕【漢】鄭玄注，【唐】賈公彥疏：《周禮注疏》，頁 369～370。
〔註104〕程二行、彭公璞〈《歸藏》非殷人之易考〉，頁 102。
〔註105〕李學勤：《周易溯源》，頁 294～296。
〔註106〕林忠軍：〈王家台秦簡《歸藏》出土的易學價值〉，頁 6～9。梁韋弦：〈王家

易為前提，即：「若秦簡《歸藏》的來源較《周易》早，那麼其出處就很有可能是殷易《歸藏》」。只不過，若三易《歸藏》並非殷易的話，那麼《周禮》將三易並舉只能說明周代存有三種不同系統的筮占法，就如同戰國時期《周易》、《筮法》、秦簡《歸藏》同時存在，很難說《歸藏》早於《周易》。秦簡《歸藏》的部份卦名、夏后啟等內容或許說明了秦簡《歸藏》有相當早的來源，但沒有辦法透過「殷易」的概念斷定這些內容與三易《歸藏》有關。其實，秦簡《歸藏》之所以命名為《歸藏》，是因為其內容與清人所輯的《歸藏》可互相參對之故，而輯本《歸藏》命名為《歸藏》的原因，則在於晉代以後的學者在徵引這些內容時多稱之為《歸藏》。雖然透過秦簡《歸藏》可知輯本《歸藏》的內容確實是先秦易學的留存，但就東漢以前《歸藏》的傳鈔過程來看，目前還很難確定秦簡《歸藏》就是三易《歸藏》，不宜將兩者視為同一種易類文獻。

　　綜上所述，雖然本節以三易為題，但實際上能與《筮法》互相勘對者是秦簡、輯本《歸藏》而非《周禮》所載的三易《歸藏》。因此，本文下面所提到的《歸藏》皆指有文本可徵的秦簡、輯本《歸藏》，若是提到三易《歸藏》則會加以註明。

（二）《筮法》與《歸藏》的異同及其相關問題

　　《筮法》與《歸藏》的相似之處有二：一是《筮法》與秦簡《歸藏》都使用 ━、∧ 來記錄陰陽卦畫。二則是如李學勤所言，《筮法》和輯本《歸藏‧初經》的卦名用字、卦序排列都有所關連。〔註107〕以下將就這兩點闡述其中所反映的先秦易學發展問題。

1.《筮法》與《歸藏》的卦畫問題

　　關於《歸藏》的記卦符號，本來王明欽在〈試論《歸藏》的幾個問題〉一文中提及有「一、六、八」三種，〔註108〕韓自強據此推測《歸藏》的一、六、八為數字轉向陰陽卦畫的其中一環，為殷商至漢代數字逐漸兼併成一、六（或八）提供了證據。〔註109〕然而，王明欽後來在〈王家台秦墓竹簡綜

　　　　　台秦簡「易占」與殷易《歸藏》〉，《周易研究》第 53 期，2002 年 6 月，頁 39～42。
〔註107〕李學勤：〈《歸藏》與清華簡《筮法》、《別卦》〉，頁 6。
〔註108〕王明欽：〈試論《歸藏》的幾個問題〉，收入古方、徐良高：《一劍集》，北京：中國婦女出版社，1996 年 10 月，頁 105。
〔註109〕韓自強：《阜陽漢簡《周易》研究》，頁 90。

述〉中修正此說，指出《歸藏》的卦畫皆以 ▬ 表示陽爻，以 ⋀ 表示陰爻，〔註110〕並沒有八的存在。這代表了《歸藏》已經使用兩種符號記卦，以往認為《歸藏》是數字轉向陰陽爻其中一環的說法並不能成立。

根據上文對陰陽爻的形成論述可知，陰陽爻確實有可能是由數字轉變而來，只不過並不是藉由筮數兼併，而是透過筮數分工而來，其形成與成卦法有密切的關係，從《歸藏》晚於上博《周易》，卻還使用了 ⋀ 作為陰爻的爻形，或可推測《歸藏》成卦法的用數傾向應是以六為主。〔註111〕值得注意的是，有些學者在討論陰陽爻的體系時，會將 ⋀ 歸類為《歸藏》體系，▬ 歸為《周易》體系，〔註112〕但這種歸類並不精確。首先，《周易》和《歸藏》的主要區別並非成卦法而是解卦法。如賈公彥疏《周禮》「三易」時提到：「夏殷《易》以七八不變為占，《周易》以九六變者為占。」〔註113〕雖然從其敘述來看，以「九、六」、「七、八」為占很明顯出自大衍筮法框架，從先秦的數字卦用數傾向，以及秦簡《歸藏》實際使用 ▬ 、⋀ 來記陰陽爻的現象來看，三易《歸藏》以七、八為占顯然不符合先秦易學的用數狀況，並沒有太多根據。但是其中「以不變為占」的概念值得注意，從《左傳》、《國語》的筮例來看，《周易》確實以爻變為占。而秦簡《歸藏》只有卦辭而沒有爻辭，可能說明了秦簡《歸藏》沒有變爻，〔註114〕可見《周易》與《歸藏》的解卦系統確實有所區別。接著，雖然賈公彥的「七、八」、「九、六」是根據大衍筮法立說，並不符合先秦數字卦的用數傾向，但從上述關於用數體系的論述中可知，解卦法與成卦法未必是固定的搭配，如屬於《周易》體系的鼎卦戈，其用數就不是為人所熟知的六、七、八、九，而是五、六、七、八。從《左傳》、《國語》對《周易》經文的引用，以及位於兩周之際的鼎卦戈也使用《周易》經文的現象來看，《周易》的成書至遲不會晚於西周，而西周數字卦的用數傾向是以六而非八為主，這說明了《周易》在西周時期也可能使用了筮得六機率較高的

〔註110〕 王明欽：〈王家台秦墓竹簡綜述〉，收錄於艾蘭、邢文編：《新出簡帛研究》，頁 29。

〔註111〕 這是根據筮數分工的理論作的猜測，《歸藏》出土的年代 ⋀ 、▬ 都已經作為陰爻的卦符使用，《歸藏》選擇 ⋀ 來記陰爻，也有可能是作者的習慣所致。

〔註112〕 殷文超：《出土文獻視角下《周易》的卦畫與卦名研究》，頁 35～36。

〔註113〕 【漢】鄭玄注，【唐】賈公彥疏：《周禮注疏》，頁 370。

〔註114〕 王明欽：〈試論《歸藏》的幾個問題〉，頁 37。

成卦法。因此，並不能單純地將 歸於《周易》而 歸於《歸藏》。雖然使用 作為陰爻爻形的文獻都屬於《周易》類，但這只能說筮得八機率較高的用數體系是戰國以後《周易》主要使用的成卦法，仍然不能將以 記錄陰爻者歸入《歸藏》一系。

另外，《筮法》與《歸藏》雖然都以 、 作為陰陽爻的符號，但目前無從斷定兩者的成卦法相同，因為秦簡《歸藏》、 的性質是陰陽符號，這意味著秦簡《歸藏》的筮數都已經轉寫成陰陽爻，從中難以得知《歸藏》的具體用數為何，只能根據「筮數分工」的理論推測其用數傾向很有可能以七、六為主。再者，就算假設兩者使用的成卦法相同，也無法依此將《筮法》歸類於《歸藏》系統。如上所述，解卦法與成卦法並非固定成套的理論，從數字卦的材料中，可以看到同一種解卦法有不同的用數，而不同的用數則標誌成卦法的不同。根據賈公彥的論述，甚至可以推測同一種成卦法也未必服務於同一種解卦法。雖然《筮法》與《歸藏》在卦序與卦名的層面上有相合之處，但至少記卦符號相同這點並不能作為《筮法》與《歸藏》系統相近的原因之一。

2.《筮法》與《歸藏》的經卦卦名及卦序問題

如上所述，李學勤認為《筮法》在經卦卦名與卦序的層次上，與《歸藏》有著不小的聯繫。首先關於經卦的卦名，《筮法》八經卦的卦名為劼（乾）、奐（坤）、艮、兌、裘（坎）、羅（離）、𧱛／坌（震）、巽。而輯本《歸藏》的經卦名為乾、𡕰（坤）、狠（艮）、兌、犖（坎）、離、釐（震）、巽。其中𡕰、兌、巽三卦的卦名相同，而劼／乾、艮／狠、裘／犖、羅／離、釐／坌都有異體或是通假的關係，顯現兩者的卦名確實十分相近。只不過，如果納入《周易》的卦名一起考察，可以發現《周易》與《歸藏》、《筮法》的卦名其實也都有通假的關係。而學界認為《筮法》的卦名與《歸藏》系統較近的原因，其實在於坤卦的用字都是「𡕰」、坎卦皆讀為「勞」這兩點上。〔註115〕以下為《筮法》、輯本《歸藏》、秦簡《歸藏》、今本《周易》、馬王堆帛書《周易》的經卦／純卦卦名比較表：〔註116〕

〔註115〕李學勤：〈《歸藏》與清華簡《筮法》、《別卦》〉，頁6。
〔註116〕從《別卦》來看，其記載的別卦名並沒有純卦卦名，這有可能是純卦的卦名與經卦卦名相同之故，根據魏慈德的研究，若從《別卦》的形制來看，該文獻的性質應為可隨身攜帶，方便隨時查閱的文件。而經卦卦名多為人

【表4-4】經卦卦名對照表

今本《周易》	乾	坤	艮	兌	坎	離	震	巽
帛書《周易》	鍵	川	根	奪	習贛	羅	辰	筭
《筮法》	倝		艮	兌	裻	羅	垛/譽	巽
輯本《歸藏》	乾	奭	狠	兌	犖	離	釐	巽
秦簡《歸藏》	天目				勞	麗		

各經卦卦名間的通假關係如下所述：

（1）乾

此卦《筮法》作「倝」，今本《周易》、輯本《歸藏》皆作「乾」，帛書《周易》則作「鍵」，秦簡《歸藏》則作「天目」。其中，「乾」從「倝」得聲，如《說文》曰：「乾，上出也，從乙物之達也，倝聲。」〔註117〕而「乾」、「鍵」皆為群母元部，故可音通。至於「天目」是否為卦名則還有爭議，該簡原文直接寫在乾卦的卦畫之後：「天目朝朝，不利為草木，贊贊僑下□☒。【181】」王明欽將「天目」視為卦名。〔註118〕連劭名亦認為「天目」是卦名，並提到「天目」猶言「天視」。〔註119〕廖名春則認為「目」字應是「曰」字形誤，因為秦簡《歸藏》除了該卦外，其餘卦辭皆是「卦名—曰—卦辭」的格式，故推測秦簡《歸藏》的乾卦卦名並非「天目」而是「天」。〔註120〕王化平則認為今本《周易》、輯本《歸藏》的八純卦並未直接以其卦象作為卦名，坤不用地、坎不用水、離不用火，廖名春所言恐非。〔註121〕綜合來看，目前還沒有辦法確定「天目」是否就是乾卦的卦名。

所熟知，故不需要特別紀錄以供查閱。據此，本文在比較時亦納入屬於純卦的帛書《周易》、秦簡《歸藏》之卦名。魏慈德：〈談《別卦》的卦序與卦名及其與《筮法》的關係〉，發表於「《清華大學藏戰國竹簡》與儒家經典專題國際學術研討會」，後錄於江林昌主編：《清華簡與儒家經典》，上海：上海古籍出版社，2017年10月，頁56。

〔註117〕【清】段玉裁：《說文解字注》，頁747。

〔註118〕王明欽：〈王家台秦墓竹簡綜述〉，頁30。

〔註119〕連劭名：〈江陵王家台秦簡《歸藏》筮書考〉，《中國哲學史》2001年第3期，2001年8月，頁5。

〔註120〕廖名春：〈王家台秦簡《歸藏》管窺〉，《周易研究》第48期，2001年5月，頁18。

〔註121〕王化平、周燕：《萬物皆有數：數字卦與先秦易筮研究》，頁151。

（2）坤

此卦《筮法》與輯本《歸藏》皆作「臾」，今本《周易》作「坤」，帛書《周易》作「川」，秦簡《歸藏》則作「𡖖」。首先，根據本文第二章關於「臾」字的研究，可知「臾」在構形上很有可能與「坤」有訛變的關係。也就是說，「臾」、「坤」實際上是同一個字的形訛。至於「川」字的問題較為複雜，根據劉彬的整理，學界對該字為何代表坤卦的看法仍相當不一致，大體有兩種主流的意見，一派認為「川」並不是「坤」的假借字，而是由坤卦卦畫變形而來，當讀為「順」，並推測坤卦最初的卦名應是「順」而非「坤」；另一派則認為「川」、「坤」是假借字，「川」應讀為「坤」。〔註122〕關於前一種說法，廖名春所論甚詳，其認為帛書與漢碑中的「川」作為卦名，其實都是「巛」的別寫，因為漢魏石經有將山川之「川」與卦名之「川」的形體刻意區別的現象。有鑒於漢代以前石經材料的坤卦都作「巛」而無「坤」者，故推測坤卦原本的卦名並非「坤」而是「巛」，而「巛」的來源並非山川之「川」，而是坤卦的卦畫橫向書寫成「巛」的結果，只是在字形上與「巛」字相似，故因以為卦名，所以「巛」為「坤」之卦名，並非字音通假的結果。接著，廖名春考察了若干從「巛」之字，發現從「巛」之字多有「順從」意，進而推測「巛」有基本「順」的意涵，作為卦名應讀為「順」。至於「坤」，廖名春認為是一個後起字，大約在戰國時期流行，多見於璽印中作為人名使用，「坤」作為卦名最早見於阜陽《周易》，年代大約與帛書《周易》略同，至於選擇「坤」還是「巛」作為卦名，廖名春認為應與《周易》的系統有關，義理派的《周易》多用「巛（順）」，「坤」則多為春秋戰國的卜家所用。〔註123〕然而，劉彬發現阜陽《周易》的圖版並沒有記載「坤」卦的卦名，推斷「坤」字作為卦名可能比廖名春之說要來得更晚。其根據《說文解字敘》：「稱《易》孟氏」推測許慎「坤，土位在申」的疏解來自於孟喜。也就是說，「坤」大約在西漢卦氣說較為成熟後，才作為卦名使用。〔註124〕藉由上述整理，可以發現學者認為「坤」不早出的原因有二，其一、漢魏石碑皆不用「坤」為卦名。其二、根據《說文》：「土位在申」推斷「坤」作為卦名較「巛」來得晚，「巛」才是

〔註122〕劉彬：〈帛書《周易》「川」卦名當釋「順」字詳考〉，《周易研究》第120期，2013年7月，頁18～19。

〔註123〕廖名春：《周易經傳與易學史新論》，濟南：齊魯書社，2001年8月，頁26～35。

〔註124〕劉彬：〈帛書《周易》「川」卦名當釋「順」字詳考〉，頁24。

坤卦的本字，若「巛」為坤卦的本字，那麼「巛」就不會是「坤」音韻通假的結果了。

然而，根據《筮法》的「臾」字，或可推測「坤」和「巛」還是有通假的關係，只不過坤卦較古老的卦名應如廖名春所言是「巛」，而「坤」只是假借字。首先，「臾」與「坤」有形訛的關係，可見「坤」應在戰國時就作為卦名使用了。如廖名春所言，「坤」雖然在甲骨、金文中並不見使用，屬於後起字，但戰國時期的璽印已可見到「坤」字作為人名使用，說明戰國時期確實有「坤」字的存在。〔註125〕既然其存在，那就有可能因為字音相近而被通假。其次，從本文第三章關於八卦與五行的對應論述來看，可以確定坤卦尚未與五行的土對應，顯現當時五行與八卦還沒有整合完成，若「坤」字作為卦名使用的時間比《筮法》早，那就可以推測其作為卦名使用的原因與「土在申位」無關，「土在申位」應是西漢卦氣易學較為成熟後才有的說法。事實上，許慎在《說文》亦提到「辰，震也，三月，陽氣動，雷電震，民農時也。」〔註126〕在十二支紀月中，辰為三月，屬春季，根據八卦與四季的對應，春季三月正好為震卦，故許慎依此認為辰的本義為震。但丁四新在解讀帛書《周易》的辰卦時提到辰的本義為「耕器」，與「震」無關，「辰」作為卦名乃是與「震」音通之故。〔註127〕由此可見，許慎在釋字時，有時會使用時下流行卦氣的理論說解，但這未必就是原義。鑒於其餘經卦都有音通的現象，故筆者推測「坤」作為卦名使用很有可能也是因為先秦卦名用字不規範，音韻通假所致。

若比較「巛」與「坤」兩字，可以發現「巛」在古文字中的出現時間無疑比「坤」要早，多作為山川之「川」的本字。而其作為卦名使用時，應假借為「順」，因為「順」從「巛」得聲。只不過如上所述，廖名春並不認為「巛」是山川的「川」字，因為漢代石經作為卦畫的「巛」與作為山川的「川」在字形上有所區別，推測作為卦名使用的「巛」應來自坤卦卦畫的橫寫，只是該形與山川之川的本字「巛」相近罷了，實際上並非山川之「川」。〔註128〕然而，這種將坤卦的卦畫橫寫作為卦名這點令人懷疑。雖然從卦畫的發展來看，

〔註125〕廖名春：《周易經傳與易學史新論》，頁33。
〔註126〕【清】段玉裁：《說文解字注》，頁752。
〔註127〕丁四新：〈楚竹簡與漢帛書《周易》校注〉，上海：上海古籍出版社，2011年4月，頁303～304。
〔註128〕廖名春：《周易經傳與易學史新論》，頁32～33

早期的陰爻爻形確實為 ⟨圖⟩，但按照廖名春的說法，八卦的卦名應當存在一個以卦畫橫寫作為卦名的階段。誠如王引之質疑，若「巛」來自於卦畫，那麼為何除了坤卦外，其餘七卦都未見以卦畫作為卦名者呢？〔註129〕因此，筆者在此提供一個反向思考，即坤卦最初的卦名為順，順從「巛」得聲，故「巛」有可能是「順」的假借。事實上，《說卦傳》可見「坤，順也。……離，麗也。」〔註130〕的卦象，秦簡《歸藏》以「麗」作為卦名，坤卦早期以「順」為卦名亦相當合理。

　　至於漢魏石經山川的川與卦名的川字體不同的問題，丁四新認為「⟨圖⟩」是「川」受到隸變的影響而形成的卦名專字，〔註131〕其說或可從。在山川之「川」與卦名之「川」互見時可加以區隔，避免混淆。接著，就戰國時期的卦名用字來看，可以發現不論是經卦或別卦大多都有通假的現象，顯現先秦的卦名用字仍具不規範性。「巛」為「順」字之偏旁，同時又為「川」之本字，「川」的上古音為昌母文部，「坤」為溪母文部，兩者韻部相同可通。也就是說「坤」／「臾」原本可能並非作為卦名使用，但因為文字使用的不規範性而假借為卦名使用。而「臾」字從大、昆聲，昆上古音為見母文部，與「坤」聲母互為旁紐，同時「川」、「坤」、「臾」三字的韻部皆同，音亦可通，而「大」字則形成義符，具有坤卦「地大」的概念。綜合來看，「臾」、「坤」與「川」也都是音通的關係。

　　另外關於「⟨圖⟩」字，王明欽於〈王家台秦墓竹簡綜述〉的整理中未加以隸定，〔註132〕廖名春則言「⟨圖⟩上從大，中從目，下從分，但不知為何字。」〔註133〕連劭名、蔡運章以為是「寡」字，〔註134〕劉彬認為是「順」的異構。〔註135〕但王化平考察諸說後認為 ⟨圖⟩ 於古籍未見，故其提到該卦名時也未隸定。〔註136〕若從秦文字來看，該字的下方確實與秦文字十分相似，

〔註129〕【清】王引之：《經義述聞》，江蘇，江蘇古籍出版社，1985年7月，頁5。
〔註130〕【魏】王弼、韓康伯注、【唐】孔穎達等正義：《周易正義》，頁184。
〔註131〕丁四新：〈楚竹簡與漢帛書《周易》校注〉，頁353。
〔註132〕王明欽：〈王家台秦墓竹簡綜述〉，頁30。
〔註133〕廖名春：〈王家台秦簡《歸藏》管窺〉，頁17。
〔註134〕連劭名：〈江陵王家台秦簡《歸藏》筮書考〉，頁5。蔡運章：〈秦簡「寡」、「天」、「曜」諸卦解詁——兼論《歸藏易》的若干問題〉，《中原文物》2005年第1期，2005年2月，頁42～44。
〔註135〕劉彬：〈帛書《周易》「川」卦名當釋「順」字詳考〉，頁22～23。
〔註136〕王化平、周燕：《萬物皆有數：數字卦與先秦易筮研究》，頁151。

如 ![圖] 【睡·日書乙種 255】、 ![圖] 【睡·為吏之道 2】，雖然秦簡中的「宀」大多都已寫成 ![圖] 形，但仍然有一些寫在器物上的「宀」還保留 ∧ 形，如 ![圖]（守【王六年上郡守疾戈】）、 ![圖]（䴔【集證 169.555】）。只不過， ![圖] 字上方並非單個 ∧ 形，而是疊加兩個 ∧ 形作 ![圖]，雖然蔡運章認為 ![圖] 應是先秦文字的特徵，但筆者在古文字中未找到從「宀」之字疊加兩個「宀」形書寫的案例，故雖然 ![圖] 與「寡」十分相近，但是否應隸定為寡還有疑慮。〔註 137〕

（3）艮

此卦《筮法》、今本《周易》都作「艮」，帛書《周易》作「狠」，輯本《歸藏》作「根」。根、狠皆從艮得聲，可知艮、根、狠可音通。

（4）兌

此卦《筮法》、今本《周易》、輯本《歸藏》皆作「兌」，帛書《周易》作「奪」，兌、奪上古音皆為定母月部，故可音通。〔註 138〕

（5）坎

此卦《筮法》作「裻」，今本《周易》作「坎」，帛書《周易》作「贛」，輯本《歸藏》作「犖」，秦簡《歸藏》作「勞」。首先，《筮法》與輯本《歸藏》的「裻」、「犖」都是「勞」字。《筮法》的整理小組言：「裻，即勞字，卜辭金文等習見。」〔註 139〕而「犖」上古音為來母藥部，「勞」為來母宵部，聲母相同而宵藥可對轉，故兩者聲音相近可通。此外，馬國翰《玉函山房輯佚書》亦引李過《西溪易說》：「謂坎為犖，犖者勞也，以萬物勞乎坎也。」〔註 140〕亦是其證。至於「坎」與「贛」的關係，「坎」上古音為溪母談部，「贛」為見母侵部，見溪旁紐而侵談旁轉，故其音也可通。接著，關於「坎」與「勞」，兩者音韻如上所述，「勞」為來母宵部，「坎」為溪母談部，宵談可對轉，可知兩者讀音亦近。綜合來看，坎卦的卦名用字雖然繁多，但也都有異體或聲音通假的關係。〔註 141〕

〔註 137〕除了王化平外，史善剛、董延壽的《簡帛易卦考》提到該卦名同樣不加以隸定，只標示出該卦對應《周易》坤卦。史善剛、董延壽：《簡帛易卦考》，頁 153。
〔註 138〕郭錫良：《漢字古音手冊》，頁 52、238。
〔註 139〕李學勤主編：《清華大學藏戰國竹簡（肆）》，頁 107。
〔註 140〕【清】馬國翰輯：《玉函山房輯佚書（壹）》，頁 33。
〔註 141〕郭錫良：《漢字古音手冊》，頁 56、251、294。

（6）離

此卦《筮法》與帛書《周易》皆作「羅」，今本《周易》及輯本《歸藏》皆作「離」，秦簡《歸藏》則作「麗」。其中，「離」、「羅」皆為來母歌部，「麗」則為來母支部，聲母相同，音近可通。〔註142〕

（7）震

此卦《筮法》作「畜」「𡐩」，今本《周易》作「震」，帛書《歸藏》作「辰」，輯本《歸藏》作「𡐩」。其中，「畜」、「震」皆從「辰」得聲，可知「辰」、「畜」、「震」可音通。而「𡐩」從「來」得聲，與「𡐩」皆是來母之部字。〔註143〕至於「𡐩」與「震」的關係，季旭昇認為也是音近通假，震字上古音為照母文（諄）部字，來、照兩聲母皆是舌頭音，之、文（諄）兩韻音近可通。〔註144〕就此來看，「震」、「𡐩」也是音近通假的關係。

（8）巽

此卦《筮法》、今本《周易》、輯本《歸藏》皆作「巽」，帛書《周易》作「筭」。「巽」、「筭」上古音皆為心母元部，故可音通。〔註145〕

綜合來看，八經卦的卦名用字確實都有音韻上的通假關係。連以往被人認為是《歸藏》系統的「與」，在字音甚至是字形上也和今本《周易》習用的「坤」有所聯繫。事實上，《周禮》在提到三易時曾言：「其經卦皆八，其別皆六十有四。」〔註146〕王化平認為：「這也就說明了八卦、六十四卦在春秋戰國時期被多種占卜方法所用。」〔註147〕可見八卦、六十四卦的框架應是多種易學體系共有的知識。既然八卦、六十四卦的框架是易學的公共知識，卦名也大部份可以通假，那麼各類易學體系的差別究竟在哪裡呢？從《筮法》的坎、離二卦來看，由不同卦名所延伸出來的卦象差異，可能是一個重要的區別。

如上所述，☵卦有坎、習贛、勞三種卦名，☲卦則有離、麗、羅三種，這些卦名在聲音上都可以通假，但《筮法》☵、☲兩卦的代表卦象卻與現行的《周易》卦象有諸多相反之處。從本文第三章的研究可知，造成這種差異

〔註142〕郭錫良：《漢字古音手冊》，頁55、132、133。
〔註143〕郭錫良：《漢字古音手冊》，頁131、203。
〔註144〕季旭昇：《清華大學藏戰國竹簡（肆）讀本》，頁86。
〔註145〕郭錫良：《漢字古音手冊》，頁350、397。
〔註146〕【漢】鄭玄注，【唐】賈公彥疏：《周禮注疏》，頁370。
〔註147〕王化平、周燕：《萬物皆有數：數字卦與先秦易筮研究》，頁147、232。

的主要原因與卦名有關，《筮法》☲卦的卦名為「勞」，勞有勞動意義，象徵秋收前的辛苦勞作，並衍生出火、南方、夏天諸象。☵卦的卦名作「羅」，羅的本義是捕捉鳥獸的網子，並由此引伸出網羅、收藏義，進而衍生水、冬天、北方諸象。

　　而《周易》☵卦的卦名為「坎」，坎的本義為坑穴，故引伸出險陷之象，如《說文》：「坎，陷也。」段玉裁注云：「陷者，高下也，高下者，高而入於下也。因謂阱謂坎。」〔註148〕王弼注曰：「坎，險陷之名也。」〔註149〕坎卦的爻辭也多有坑穴象，如初六「入於坎陷」、九二「坎有險」、九五「坎不盈」皆是。帛書《周易》的「贛」則是坎的假借，《說文》：「贛，賜也。」〔註150〕但從帛書《周易》的卦爻辭來看，贛明顯不作本義使用。至於☲卦，《周易》的☲卦作「離」，《說文》：「離，離黃，倉庚也，鳴則蠶生。」段玉裁注：「今用鸝為鸝黃，借離為離別也。」〔註151〕由此可知，「離」的本義是鳥名，爾後借為離別之離，可見「離」作為卦名乃是假借而來。從卦爻辭及《易傳》來看，離卦的早期用字很有可能是「麗」字，「離」實為「麗」之假借。首先就易傳來看，《彖傳》曰：「離，麗也，日月麗乎天，百穀草木麗乎土，重明以麗乎正。」〔註152〕《說卦》、《序卦》亦言：「離，麗也。」〔註153〕孔穎達曰：「離，麗也，麗謂附著也。言萬物各得其所附著處，故謂之離也。」〔註154〕可見離卦的卦義與「附著」之義息息相關。雖然《說文》記載的麗字本義不是「附著」：「麗，旅行也，鹿之性見食急則必旅行。」〔註155〕但根據傳世文獻，麗具有「附著」義的時間相當地早，如《左傳‧宣公十二年》：「麋興於前，射麋麗龜。」楊伯峻注曰：「麗，著也。龜指禽獸之背部。古之田獵者，其箭先著背以達於腋為善射。」〔註156〕指箭從麋鹿的背上射入並穿透到腋下，附著於麋鹿體內。此外，《禮記‧王制》：「郵罰麗於事。」鄭玄注曰：「郵，過也。麗，附也。過人、罰人當各附於其事，不可

〔註148〕【清】段玉裁：《說文解字注》，頁695。

〔註149〕【魏】王弼、韓康伯注、【唐】孔穎達等正義：《周易正義》，頁71。

〔註150〕【清】段玉裁：《說文解字注》，頁283。

〔註151〕【清】段玉裁：《說文解字注》，頁144。

〔註152〕【魏】王弼、韓康伯注、【唐】孔穎達等正義：《周易正義》，頁73。

〔註153〕【魏】王弼、韓康伯注、【唐】孔穎達等正義：《周易正義》，頁184、187。

〔註154〕【魏】王弼、韓康伯注、【唐】孔穎達等正義：《周易正義》，頁73。

〔註155〕【清】段玉裁：《說文解字注》，頁476。

〔註156〕楊伯峻：《春秋左傳注》，頁735。

假他以喜怒。」〔註157〕綜合來看，麗應是☲較早的卦名，在秦簡《歸藏》中，麗確實也作為卦名使用。

綜上所述，雖然同一種卦畫的不同卦名大多都有通假的關係，但通假成其他字後，就有可能由字義演繹出不同的卦象或詮釋，使易卦的解讀系統產生一定改變。如《周易》的卦爻辭明顯與「坎」、「麗」的字義有關，從中並找不到任何與「勞」、「羅」兩字有關的卦象。但「坎」、「麗」兩字與水、火卦象的關係，就不如《筮法》「勞」、「羅」兩字直觀。雖然孔穎達疏《說卦傳》：「坎，陷也，離，麗也」時云：「坎象水處險陷，故為陷也。離象火必著於物，故為麗也。」〔註158〕連繫了坎與水、離與火的關係，但從前後文來看，孔穎達的分析實際上已預設坎有水象，離有火象。其實孔穎達在疏解《說卦傳》「坎為水」、「離為火」時還提到：「坎象水，取北方之行也。……離為火，取南方之行也。」〔註159〕說明坎為水象、離為火象並非從「坎」、「麗」的字義而來。〔註160〕此外，由於「坎」、「離」的卦名，不像「勞」、「羅」能直接聯繫卦畫陰陽與物象陰陽，故「帝出乎震」以「坎」、「離」為卦名安排卦序時，就不以卦名連結物象，成為《筮法》與《說卦傳》坎離倒反的原因之一。另外，又如本文第三章所言，《筮法》與《說卦傳》「離」卦所代表的人身部位並不相同，前者對應腹而後者對應目，《筮法》之所以將☲卦對應腹，應與其卦名作「羅」有關，羅有包藏義，故可對應於腹。而「離（麗）」並沒有包藏的意思，故其在《說卦傳》中就不與腹對應。根據這兩點，可推測當卦名用字不同時，卦象也可能隨之增加或消退，進而影響用以解卦的詮釋系統。

值得注意的是，就算不同的卦名形成不同的卦象，卦名還是有混用的現象。如《筮法》中具有包藏義的「羅」，也見於帛書《周易》中；《周易》系統有附麗義的離，又同時見於輯本、秦簡《歸藏》中。又如《筮法》、《歸藏》所

〔註157〕【漢】鄭玄注，【唐】孔穎達等正義：《禮記正義》，頁259。

〔註158〕【魏】王弼、韓康伯注、【唐】孔穎達等正義：《周易正義》，頁184～185。

〔註159〕【魏】王弼、韓康伯注、【唐】孔穎達等正義：《周易正義》，頁186。

〔註160〕另外，也有學者根據卦畫的形體來解釋坎為陷、為水，離為麗、為火的原因。如《周易集解》釋「坎，陷也」云：「一陽陷於兩陰之中，故曰：『坎，陷也。』」釋「坎為水」云：「坎一陽在二陰之中，其內光明，有似於水。」釋「離，麗也」云：「陰附麗於陽，象日之附麗於天。」釋「離為火」云：「陽在外，象火之外照也。」然而，今從出土文獻來看，離為麗象，坎為陷象最初很有可能就是從其字義而來。【唐】李鼎祚：《周易集解》，頁1010、1029、1034。

用的「勞」，在以坎為水的《說卦傳》亦可見之。有些固然只是單純的借用，如帛書《周易》的「羅」。有些則有新的詮釋，如《說卦傳》中的「坎，勞卦也」。由於《說卦傳》坎卦的卦位與《筮法》相反，其物象配屬也相反，可見雖然同樣是「勞」，但兩者的意涵卻有所不同，如孔穎達疏曰：「水行不舍晝夜，所以為勞卦。又是正北方之卦，斗柄指北，於時為冬，冬時萬物閉藏，納受為勞。」〔註161〕《周易集解》亦引虞翻曰：「水性勞而不倦，故曰『勞卦也』。」〔註162〕都是對「勞」字的重新詮釋。展現了不同易學體系互相影響、交融的現象。

接著，關於卦序方面。輯本《歸藏‧初經》記載了八經卦之卦序，依序為「乾、坤、艮、兌、坎、離、震、巽」，《筮法》雖然沒有特別列有專章序經卦，但〈崇〉、〈天干與卦〉兩節談八卦對應的章節，卻不約而同地也使用了「乾、坤、艮、兌、坎、離、震、巽」的順序。事實上，早在《筮法》出現之前，帛書《周易》六十四卦就使用這種卦序進行排序。帛書《周易》的卦序與今本《周易》：「兩兩相耦，非覆即變」〔註163〕的卦序觀不同，上卦依照「乾、艮、坎、震、坤、兌、離、巽」，下卦按照「乾、坤、艮、兌、坎、離、震、巽」之序組成，極為規律，不需要義理上解釋就能排定完整的六十四卦次序。〔註164〕此外，與《筮法》同出於《清華四》，也是記載六十四卦的《別卦》，其下卦卦序也與帛書《周易》相同。可知輯本《歸藏‧初經》的這套經卦之序的起源相當的早，至少可上溯至《筮法》、《別卦》所處的戰國中晚期。〔註165〕

「乾、坤、艮、兌、坎、離、震、巽」這個卦序容易讓人聯想到《說卦傳》的「天地定位」章：「天地定位，山澤通氣，雷風相薄、水火不相射。」〔註166〕這段話同時也見於帛書《衷》：「天地定位，山澤通氣，火水相射，雷

〔註161〕【魏】王弼、韓康伯注、【唐】孔穎達等正義：《周易正義》，頁184。

〔註162〕【唐】李鼎祚：《周易集解》，頁1004。

〔註163〕【魏】王弼、韓康伯注、【唐】孔穎達等正義：《周易正義》，頁186。

〔註164〕裘錫圭主編：《長沙馬王堆漢墓帛書集成（參）》，北京：中華書局，2014年6月，頁12。

〔註165〕清華簡並非挖掘出土的文物，故無法以墓葬的年代斷定該批簡讀的具體時間。然而，清華簡的整理小組做了碳十四測定，結果顯示清華簡的年代大約為西元前305±30年左右，為戰國中期偏晚。劉國忠：《走近清華簡》，北京：高等教育出版社，2011年，頁52～53。

〔註166〕【魏】王弼、韓康伯注、【唐】孔穎達等正義：《周易正義》，頁183。

風相薄。」〔註167〕兩相比較，可以發現輯本《歸藏‧初經》、《筮法》、《別卦》與帛書《周易》六十四卦的下卦卦序與帛書《衷》「天地定位」章相同。和今本《說卦傳》相比，兩者的差異僅在於帛書的「雷風相薄」寫在「火水相射」之後，以及「水火」的順序相反，並少了一個「不」字。首先關於「火水相射」之序，整理小組原認為是「水火」之誤，因為就「天地」、「山澤」、「雷風」的規律來看，前者皆為陽卦，後者皆為陰卦，而今本《周易》以坎陽卦為水，離陰卦為火，故認為此「火水」本應為「水火」。〔註168〕然而，邢文卻不贊同這種說法，主張「火水」之序不誤：

> 帛書《周易》「火水相射」中的「火水」，恐怕不是「水火」的誤倒。《周易》中的水、火，有特殊的陰陽之義。《洪範》：「水曰潤下，火曰炎上。」所以如此，是因為「水既純陰，故潤下趣陰；火既純陽，故炎上趣陽。」水、火分別是純陰、純陽的代表。《周易》中，水、火分別為坎、離二卦的卦象，《說卦》：「坎為水，離為火」。但是，坎水、離火二卦卻分屬陽卦、陰卦……與卦象本身的陰陽意義正好相反。……帛書《周易》最大的特點，就是為了貫徹陰陽學的原理，大膽地重排了六十四卦的卦序……天地、山澤、雷風諸卦，分別為乾坤、艮兌、震巽，其序皆為「以陽馭陰」；在「天地定位，山澤通氣」與「雷風相薄」中，同樣表現著這種陽、陰之序。如上所述，在易學中，水、火本身的陰陽之義與水、火二卦的陰陽性質，正好是相反的。……在帛書的傳文中「火水」不再是火、水之卦，而是火、水之象；在天地、山澤、雷風諸卦卦象的「陰陽」體系中，火與水只能作為卦象的意義出現，而不能以火、水之卦的意義出現，所以須作「火水相射」。〔註169〕

其說當是，尤其是《筮法》出現以後，首次看到這種以火代表陽卦「☲」、以水代表陰卦「☵」，與今本《周易》完全相反的卦象。或許，帛書《周易》這種以「火」代表陽卦，「水」代表陰卦的表述，就取自於《筮法》這種以☲為火，以☵為水的經卦體系中。只不過，從卦爻辭來看，帛書《周易》的取象與今本《周易》無異，如離（羅）卦九四的爻辭：「突如來如，焚如，死如，

〔註167〕裘錫圭主編：《長沙馬王堆漢墓帛書集成（參）》，頁97。

〔註168〕裘錫圭主編：《長沙馬王堆漢墓帛書集成（參）》，頁97～98。

〔註169〕邢文：《帛書周易研究》，北京：人民出版社，1997年11月，頁130～131。

棄如。」〔註170〕該爻辭與今本的差異只在於「突如來如」作「突如其來如」，
孔穎達疏「焚如」曰：「焚如者，逼近至尊，履非其位，欲進其盛，以焚炎其
上，故云焚如也。」〔註171〕是以知帛書羅卦仍取火象而非水象。因此「羅」
在帛書《周易》中只作為通假字使用，並沒有從「包藏」引伸出的「冬天、
水」的卦象。

綜合來看，帛書《衷》篇的「火水」之序雖然可能來自於《筮法》一類的
經卦理論，但在帛書《周易》中，由於離仍為火象，坎卦卦名作贛而有陷坑
象。故《衷》的火、水應如邢文所言，只是借其陰陽之義來代指坎、離的陰陽
之性，並非如《筮法》火就是陽卦☲，水就是陰卦☵。

接著，關於「雷風相薄」在「火水相射」之後這點，其實表明了這種經
卦之序與《說卦傳》「父母六子」卦象的關係十分密切。事實上「乾坤」、「艮
兌」、「坎離」、「震巽」的分組，都是「父母六子」長幼順序相同的陰陽兩卦。
而今本《周易》這四組陰陽卦的順序分別是「乾坤」→「艮兌」→「震巽」
→「坎離」；轉換為「父母六子」後，為父母→少→長→中。帛書《衷》的順
序則為「乾坤」→「艮兌」→「坎離」→「震巽」，為父母→少→中→長，比
之今本《周易》更具規律性。從輯本《歸藏‧初經》、《筮法》以及帛書《周
易》與《別卦》的下卦卦序皆作「乾、坤、艮、兌、坎、離、震、巽」來看，
或可推測帛書《衷》的經卦之序才是「天地定位」章原有的順序。

此外，王化平還提到「天地定位」章與「父母六子」背後的思想應是相
通的：

> 《說卦傳》「天地定位」章其實也是以陰陽思想為原則……這段話在
> 帛書《衷》篇中寫作「天地定位，山澤 通氣 ，火水相射，雷風相薄。」
> 八卦按六子卦由少即長的順序排列。而在《筮法》中，同樣體現出
> 了這個順序。都可以說明「天地定位」章的排序與父母六子卦順序
> 在本質上是一致的，都體現出了陰陽的對立統一。〔註172〕

其實帛書《周易》的上卦卦序也明顯與「父母六子」有關，如前所列，其序
為「乾、艮、坎、震、坤、兌、離、巽」，也是按照父母→少→中→長之序排
列，只是和「天地定位」的順序相比，這個順序先列出四陽卦後才列出四陰

〔註170〕裘錫圭主編：《長沙馬王堆漢墓帛書集成（參）》，頁31。
〔註171〕【魏】王弼、韓康伯注、【唐】孔穎達等正義：《周易正義》，頁74。
〔註172〕王化平、周燕：《萬物皆有數：數字卦與先秦易筮研究》，頁210。

卦，與「天地定位」章陰陽兩兩相對，分為四組的順序略有不同。但整體來看，這兩個卦序除了六子順序相同外，也都有先列陽卦後列陰卦的特點，邢文在探討帛書卦序時，曾言「從帛書易卦通篇來看，『以陽馭陰』是其要例。」〔註173〕而這段話也正好與《筮法》：「夫天之道，男勝女」相合。證明王化平所說，這種卦序觀的背後與先秦時期的陰陽思想有密切的關係，不論是「乾、艮、坎、震、坤、兌、離、巽」還是「乾、坤、艮、兌、坎、離、震、巽」都有一樣的思想本源。然而，從帛書《周易》、輯本《歸藏·初經》與《筮法》都有這種卦序的事實來看，雖然這種卦序觀與今本《周易》的卦序不同，但並不專屬於某一種易學體系，因此不同的易學體系其實很難用卦序來區分。

　　值得注意的是，輯本《歸藏》也載有六十四卦的卦序，雖然其序與《周易》略有不同，但大體仍是「兩兩相耦，非覆即變」。根據馬國翰所述，這個卦序輯自李過《西溪易說》，並依照賈公彥《禮記疏》：「此《歸藏》易，以坤為首。」將坤置於首卦。〔註174〕程浩認為目前輯本《歸藏》所見的別卦卦序，很有可能不是原本的卦序，而是經過後人改動：

> 《歸藏》既然出自墓中竹書，其卦序很有可能是經過人為整理而向
> 《周易》靠攏，《西溪易說》所載的卦序可能並非簡上的原貌，這一
> 點我們可以從清華簡《別卦》的卦序中得到啟示。〔註175〕

其說可參，從《別卦》、帛書《周易》的卦序來看，這種以「天地定位」章為基礎的別卦卦序在先秦中確實存在。若《歸藏》的經卦卦序本於「天地定位」章，那麼其別卦卦序也有可能與帛書《周易》、《別卦》相同。另外，《歸藏》以坤為首，其實是根據《禮記·禮運》而來：「孔子曰：『我欲觀殷道，是故之宋而不足徵也，吾得《坤乾》焉。』」鄭玄：「得殷陰陽之書也，其書存者有《歸藏》。」〔註176〕從《禮記》來看，可以發現殷易確實存在，孔夫子稱之為《坤乾》，而鄭玄認為《坤乾》即是《歸藏》的遺存。只不過，根據前文關於《歸藏》的源流問題所述，《歸藏》為殷易的說法其實沒有太多

〔註173〕「以陽馭陰」一辭，出自沈有鼎〈周易卦序分析〉一文，邢文根據沈有鼎探
　　　　討《周易》卦序的理論，對帛書《周易》的卦序提出了解讀。邢文：《帛書
　　　　周易研究》，頁111～116。
〔註174〕【清】馬國翰輯：《玉函山房輯佚書（壹）》，頁34。
〔註175〕程浩：〈輯本《歸藏》源流蠡測〉，頁43。
〔註176〕【漢】鄭玄注，【唐】孔穎達等正義：《禮記正義》，頁415。

根據，鄭玄也只是根據當代「近師之說」而有此論。若此，則殷易《坤乾》就未必就是《歸藏》。事實上，賈公彥的注疏只說了：「殷《易》以坤為首。」〔註177〕而不是「《歸藏》以坤為首」，此殷易可理解為《坤乾》，但要理解為《歸藏》卻是有問題的。就此來看，輯本《歸藏》卦序以坤為首的觀點，實際上是受到了鄭玄《禮記注》將《坤乾》與《歸藏》同視為殷易所致，未必符合事實。

二、《筮法》與《周易》之間的關係

如本文第一章的文獻回顧所述，雖然《筮法》不見卦爻辭，與《周易》本經的關聯不大，但作為《周易》十翼之一的《說卦傳》，卻有不少卦象在《筮法》中可見運用。另如上所述，八經卦與六十四卦是多個易學體系共有的知識系統，《筮法》雖然不用六十四別卦，但仍然有八經卦的存在，可見《說卦傳》與《周易》、《筮法》在經卦的層面上可能有所關聯。因此，《筮法》與《周易》問題的考察將集中於《說卦傳》，主要針對其內容的形成時間與性質問題提出一點看法。

（一）《說卦傳》的內容並不晚出

在地下文獻被大量發現以前，《說卦傳》的成書時間始終有所爭議，有些學者認為《說卦傳》晚出。如李鏡池認為《說卦傳》最早不出於京、焦之前，原因有二：其一是《說卦傳》「帝出乎震」與卦氣說四正卦的理論相合。其二是《左傳》、《國語》《象傳》中雖然有卦象，但取象範圍小而意義簡，而《說卦傳》中的卦象卻十分繁複，故懷疑這些卦象很有可能是荀爽、京房等人所衍，疑《說卦傳》實出於漢代經師之手，並將之放入易傳中。〔註178〕然而，隨著帛書《周易》、《筮法》及《別卦》的出土與發現，已經可以證明這種觀點並不正確。首先，1973年出土的馬王堆帛書《衷》篇已經有《說卦傳》前三章的內容，至少說明這三章的內容早在漢初就已經存在。到了《筮法》現世，除了證明「天地定位」章還要更早外，其簡文還有《說卦傳》第五章「帝出乎震」的卦序、第九章「乾為首」的卦象以及第十章「乾坤六子」的運用，更顯現《說卦傳》的這些篇章並不晚出。尤其是〈卦位圖〉與「帝出乎震」章極其相似這點，證明了並非京、孟等經師根據卦氣理論創造「帝出乎震」章，而是

〔註177〕【漢】鄭玄注，【唐】孔穎達等正義：《禮記正義》，頁416。
〔註178〕李鏡池：《周易探源》，北京：中華書局，1978年3月，頁320。

卦氣理論本於「帝出乎震」章加以發衍。

事實上，在《筮法》現世以前，就已經有學者考證《說卦傳》的成書年代應不晚於西漢中期，只是這些學者又多認為「帝出乎震」已受到五行說的影響，推測其成書應不早於戰國中晚期陰陽五行合流之前。〔註179〕筆者認為從《說卦傳》本身的內容、四時與五行的對應矛盾與先秦記載陰陽概念的文獻三個面向來看，《說卦傳》其實沒有五行理論存在，其內容形成的年代當早於《筮法》存在的戰國中晚期。

1.《說卦傳》本無五行說

關於前兩點，梁韋弦已在〈有關清華簡《筮法》的幾個問題〉中指出。〔註180〕倘若細察《說卦傳》的內容，可以發現「帝出乎震」章只見八卦、方位與時序的對應，實無五行的概念，「帝出乎震」章的原文如下：

> 帝出乎震，齊乎巽，相見乎離，致役乎坤，說言乎兌，戰乎乾，勞乎坎，成言乎艮。萬物出乎震，震東方也。齊乎巽，巽東南也，齊也者，言萬物之絜齊也。離也者，明也，萬物皆相見，南方之卦也，聖人南面而聽天下，嚮明而治，蓋取諸此也。坤也者，地也，萬物皆致養焉，故曰致役乎坤。兌，正秋也，萬物之所說也，故言說言乎兌。戰乎乾，乾西北之卦也，言陰陽相薄也。坎者，水也，正北方之卦也，勞卦也，萬物之所歸也，故曰勞乎坎。艮，東北之卦也，萬物之所成終而所成始也，故曰成言乎艮。〔註181〕

此章可以分為兩個部份，「帝出乎震」至「成言乎兌」為第一部份，講述了八卦在四時運行中的萬物表徵，「帝」、「齊」、「相見」等語，皆表萬物在四時中的狀態，與五行無涉。「萬物出乎震」至「故曰成言乎艮」為第二部份，解釋

〔註179〕 如李漢三認同屈翼鵬的說法，認為《說卦傳》應是成於武帝之前的西漢易說，並受到了五行理論的影響，從「帝出乎震」來看，震為東方，東方五行屬木，故「帝出乎震」猶言帝以木德為始，因此李漢三推測《說卦傳》應成於鄒衍「五德終始說」之後。此外，劉延剛亦認為「帝出乎震」已有五行說的存在，而這種四時、四方的五行對應最早可見於《禮記‧月令》，而《禮記‧月令》中沒有八卦，故推測《說卦傳》的成書應在《禮記‧月令》之後。李漢三：《先秦兩漢之陰陽五行學說》，臺北：維新書局，1968 年 1 月，頁 249～250。劉延剛：〈《周易‧說卦傳》成書年代新探〉，《四川師範學院學報》1990 年第 4 期，1990 年 8 月，頁 139～141。

〔註180〕 梁韋弦：〈有關清華簡《筮法》的幾個問題〉，頁 18～21。

〔註181〕 【魏】王弼、韓康伯注，【唐】孔穎達等正義：《周易正義》，頁 184。

第一部份八卦於四時中的象徵意義，並提及八卦方位。其中，「坎者，水也」與後世坎卦的五行對應相同，在《說卦傳》第十一章亦可見「坎為水」、「巽為木」、「離為火」、「乾為金」的記載，〔註 182〕也都與後世五行與八卦的對應相同，故有些學者依此推測《說卦傳》中早有五行。事實上，木、火、金、水在此皆只是具體的物象。以巽為木為例，巽卦除了木之外，尚列有風、長女、繩直、工、白等象，都是較具體的物象。因此，木可能也指具體的物象，而非五行學說中已經成為分類原則的木，如《象傳》就用了「木」象解經：「木上有水，井；君子以勞民勸相。」《正義》引王弼注曰：「木上有水，井之象也，上水以養，養而不窮者也。」〔註 183〕黃壽祺、張善文《周易譯註》解曰：「井卦下卦巽為木，上卦坎為水，言樹木體內有水份津潤，由根莖向上運行，正如井水被汲上養人。」〔註 184〕可知此處的木、水指具體的樹木和水份，以樹木吸取地下的水份，在枝葉上滲出的形象，象徵井水從底下被汲取上來養育萬物。又如乾為金，姤卦初六的爻辭為「繫於金柅，貞吉。」《象傳·姤卦初六》：「繫于金柅，柔道牽也。」《周易正義》疏曰：「金者，堅剛之物，柅者，制動之主，謂九四也。」〔註 185〕雖然初六為巽卦下爻，但此處的金實指上卦乾卦的下爻，乾有金象，此處的金乃是指具體的堅硬之物，而非五行分類原則的金。

由此可知，《說卦傳》所謂「巽為木」、「乾為金」乃至於「坎為水」、「離為火」都應該是具體的物象。

2. 從四時與五行的矛盾看「帝出乎震」章無五行說

認為「帝出乎震」章與五行密切相關的另一個原因，在於先秦時五行與五方、四時已有緊密的連結。如《禮記·月令》、《管子·四時》與《呂氏春秋》的十二月紀中，都可以見到五行與五方、時序的對應，顯現這種對應在戰國中晚期已具有普遍性。

其中方位、時序與五行的對應中，方位與時序的結合，早在殷商時期便可略見端倪，殷墟甲骨中有四方與四方風名的記載，〔註 186〕已有學者論證其

〔註 182〕【魏】王弼、韓康伯注，【唐】孔穎達等正義：《周易正義》，頁 185～186。

〔註 183〕【魏】王弼、韓康伯注，【唐】孔穎達等正義：《周易正義》，頁 110。

〔註 184〕黃壽祺、張善文：《周易譯註》（臺北：頂淵文化，2000），頁 398。

〔註 185〕【魏】王弼、韓康伯注，【唐】孔穎達等正義：《周易正義》，頁 105。

〔註 186〕四方與四方風名：東方曰析，鳳曰劦。南方曰因，鳳曰彭。西方曰𠦪，風曰彝。北方曰夗，風曰[阝殳]。原圖版請參林宏明：《醉骨集》，臺北：萬卷樓，2011 年 3 月，頁 91～92。

具備了四時的觀念，〔註187〕可知方位與時序的對應早在殷商時期便已有之。

而四時、四方與五行之對應，卻有四與五無法完全搭配的問題，其通常將春—東方配木，夏—南方配火，秋—西方配金，冬—北方配水，土則無方位、時序可配，對此梁韋弦已有詳盡的研究：

> 《禮記·月令》、《呂氏春秋·十二月紀》和《淮南子·天文訓》直稱「中央土」和《淮南子·天文訓》說土「執繩而治於四方」來看，土是不具體配某季某月的。而《淮南子·時則訓》則將土與季夏之月相配。就《禮記·月令》、《呂氏春秋·十二月記》和《淮南子·天文訓》的配法來看，中央土實際與四時並沒有配上，即這種配法體現不出所謂「五行播於四時」之義，土實際在四時之外，而非分布於四時之中。所謂土「執繩以治四方」……不過是為了彌縫五行配四時而多出土一行而製造出來的說法。而由《淮南子·時則訓》來看，……將土置於季夏，實際是想要將五行皆布於四時之中。但孟夏仲夏既在南方，則季夏自當亦在南方，而其既置土於季夏又曰土位中央，一行放了兩個位置，五行實際變成六行，這種不知所措的邏輯混亂，實際是因為四時五行中的四、五之數不合造成的。反映出它們原本並不在一個體系中。……說明四時五行相配並沒有自古相傳的定式，應是隨著戰國五行學說的興起醞釀形成的。〔註188〕

事實上《禮記·月令》、《呂氏春秋》十二月紀也都將土置於季夏，同時又言土在中央之位，可見五行與時序的對應和五行與方位的對應之間有所矛盾。因此在時序—方位與五行的對應體系中，中央乃是被創造出來用以安置土的，原本四時與四方的對應中並無中央，證明五行與四方—四時的對應原非同一系統，其配對本身就有矛盾。因此不能因為「帝出乎震」有時序與方位而認定其中具有五行理論。

〔註187〕最早胡厚宣透過先秦文獻中的風名以及文字的訓讀，認為殷人的四方名與四方風名皆可能與四季有關，疑殷人可能已經有以四方配四時的觀念。楊樹達、于醒吾亦提到四方風名可能與四季有關，而魏慈德於《古代風神崇拜》中，則徵引了上述學者的論點，進一步說明「四方風名代表殷人對四季的察覺」的觀點。請參胡厚宣：〈釋殷代求年于四方和四方風的祭祀〉，《復旦學報（人文科學版）》1956 年第 1 期（1956.12011.3），頁 61～62。魏慈德：《古代風神崇拜》，臺北：臺灣古籍出版社，2002 年 4 月，頁 86。

〔註188〕梁韋弦：〈四時、五行、八卦結構形成的年代〉，《福建師範大學學報》2013 年第 6 期，2013 年 12 月，頁 114。

3. 從先秦談陰陽的文獻看「帝出乎震」無五行說

根據彭華的研究，陰陽與五行原先為各自獨立發展的思想，直到戰國中期才逐漸交融整合。〔註189〕在此之前言陰陽者不見五行，言五行者不見陰陽。「帝出乎震」章單以易卦說解時序運行，而在《管子》中亦有單以陰陽說解四時的內容，如《管子‧形勢解》：「春者陽氣始上，故萬物生。夏者陽氣畢上，故萬物長。秋者陰氣始下，故萬物收。冬者陰氣畢下，故萬物藏。故春夏生長，秋冬收藏，四時之節也。」〔註190〕此處清楚點出四時中萬物之生衰，乃是肇因於陰陽二氣之消長，與「帝出乎震」以八卦闡述四時變化的旨趣相近。只是《管子》中也有以陰陽五行說解四時變化的篇章，使人懷疑《管子‧形勢解》其實隱含了五行思想。關於這個疑問，白奚細考《管子》中與陰陽五行有關的篇章，發現這類篇章可以分成四種：其一、只見陰陽而不見五行，如《乘馬》、《侈靡》、《形勢解》等篇；其二、只見五行而不見陰陽，如《水地》、《地員》等篇；其三、陰陽與五行思想並行，如《宙合》、《禁藏》等篇；其四、具備成熟的陰陽五行理論，如《幼官》、《四時》等篇。故白奚認為《管子》可能非一人一時所著，前兩類單說陰陽與五行的篇章，可能成於陰陽五行合流之前，陰陽五行並列的篇章，則標誌著陰陽五行學說揉合的開始，並在後來於《幼官》、《四時》等篇章中完成的初步的合流。〔註191〕若此說成立，則《管子‧形勢解》以陰陽說解四時的內容應與五行無涉，或可作為「帝出乎震」早於陰陽五行合流的佐證。

綜合來看，以往學者認為《說卦傳》晚出的最大原因—「帝出乎震」章中已具備五行說的觀點，其實並不正確。「帝出乎震」只有八卦與四時、四方的對應而無五行，其中「坎者，水也」的「水」其實是物象而非五行分類中的水。而《說卦傳》第十一章的「乾為金」、「巽為木」、「坎為水」、「離為火」實際上也是如此。在《筮法》中，已經可以看到五行與易卦的初步對應，《筮法》的年代大約為戰國中期偏晚。兩相比較，或可推測《說卦傳》這些篇章的來源至少早於戰國中期陰陽五行合流之時，並非到戰國晚期或是西漢初期才根

〔註189〕彭華：《陰陽五行研究（先秦篇）》（上海：華東師範大學博士論文，2004），頁2。

〔註190〕黎翔鳳：《管子校注》（北京：中華書局，2004），頁85。

〔註191〕白奚：〈中國古代陰陽與五行說的合流——《管子》陰陽五行思想新探〉，《中國社會科學》1997年第5期，1997年9月，頁24～34。

據《禮記‧月令》等文獻比附而來。〔註192〕

（二）從《筮法》看《說卦傳》的性質與卦象問題

關於《說卦傳》本身的性質，如孔穎達《周易正義》所言：「《說卦》者，陳說八卦之德業變化及法象所為也。」〔註193〕可知《說卦傳》是一篇專說八卦象例的篇章，尤其是第四章至第十一章廣列八卦諸象。只不過，《說卦傳》沒有說明其得象緣由，歷代學者對此莫不殫精竭慮。雖然如此，但這些卦象的說解卻仍有許多說不通的地方，如乾卦有「大赤」象，學者多認為與「日」有關，如《周易集解》引虞翻曰：「太陽為赤，月望出入時也。」又引崔覲云：「乾，四月，純陽之卦，故取盛陽色，為大赤。」李鼎祚疏曰：「虞注：《釋名》：『赤者，赫也，太陽之色。』故曰：『太陽為赤』。」另崔注引《白虎通》：『赤者，盛陽之氣，故周以天正，色尚赤。』」〔註194〕高亨解曰：「天以太陽為主，故天為大赤。」〔註195〕除此之外，坎卦也有「赤」象，學者則多認為此象由坎為「血卦」之象而來，或是根據十二辟卦解之，如孔穎達《周易正義》：「赤，亦取血之色。」〔註196〕而李鼎祚疏：「十一月一陽爻生在坎，陽氣初生於黃泉，其色赤也。《檀弓》：『周人尚赤』，鄭注：『以建子之月為正，物萌色赤。』」〔註197〕事實上，從這些說解中，並看不出來乾卦「大赤」與坎卦「赤」象的區別之處，但兩者的得象來源卻不一樣。另外，若乾卦「大赤」的得象與「太陽（日）」有關，那為何有「日」象的離卦沒有「赤」象亦令人費解。再者，這些說解運用了漢代的卦氣說或三統說來闡述，根據《筮法》，或可推測《說卦傳》所載的這些卦象並不晚出，雖然《筮法》與《說卦傳》相應的內容只有「天地定位」章、「帝出乎震」章、「乾坤六子」與「八卦人身」的卦象，但加上《筮法‧爻象》所列的諸爻象，或可推測在先秦，易學的衍象之風就已經十分興盛，第十一章所列的八卦諸象亦不能排除早出的可能性。近來，王化平在考察《說卦傳》的卦象時亦指出《說卦傳》所列諸象與漢人衍象的卦象來源不同，根據《筮法》也可以推測《說卦傳》所列的卦象很有可能不

〔註192〕 上述關於《說卦傳》並不晚出的觀點，可參拙作〈從《筮法‧卦位圖》與《說卦傳‧帝出乎震》之差異談易卦與五行對應體系的流變〉，頁148～153。
〔註193〕 【魏】王弼、韓康伯注，【唐】孔穎達等正義：《周易正義》，頁182。
〔註194〕 【唐】李鼎祚：《周易集解》，頁1017。
〔註195〕 高亨：《周易大傳今注》，北京：清華大學出版社，2010年8月，頁462。
〔註196〕 【魏】王弼、韓康伯注，【唐】孔穎達等正義：《周易正義》，頁186。
〔註197〕 【唐】李鼎祚：《周易集解》，頁1031。

晚出。若此，則《說卦傳》的諸多卦象可能反映了先秦時期卦象體系尚未建立的階段，其結合少數民族的筮占法推測最早可能沒有所謂的基本卦象存在，卦象都是隨事而變並不固定，會根據筮占的需要增衍出不同的卦象。後隨著卦象漸多，才開始根據卦名、取象的傾向、特徵整理出基本卦象。而漢人的衍象則是為了解經，是從基本卦象上衍生出來的，故兩者的得象來源並不相同。因此，以往認為這些卦象是漢代經師所衍的說法需要重新考慮。〔註198〕若這些卦象的產生時期在戰國，那麼其得象的原因可能就不會是「周人尚赤」或是「十一月一陽爻生在坎，陽氣初生於黃泉，其色赤也。」這些可能是後人根據當時流行的三統說、卦氣說而闡發的解經之語。

此類難以說通或說解較為晚出的卦象在《說卦傳》中多有，在此不一一詳列，故朱熹《周易本義》曾云：「此章廣八卦之象，其間多不可曉者。求之於經，亦不盡合也。」〔註199〕而《筮法》出現後，基本上可以證明《說卦傳》的內容並不晚出。只不過，《筮法》與《說卦傳》的卦象「坎離倒反」、「離在腹不在目」的差異，卻反映了《說卦傳》內容與性質的三個現象：

其一、《說卦傳》所列諸象可能有不同的來源，雖然先秦的卦名用字多為通假或異體字，但隨著卦名通假成另外一個字，就有可能從該字的字義衍生出新的卦象。如「坎離倒反」、「羅（離）為腹」都與卦名用字的本義有關。而《說卦傳》中有「勞乎坎」之語，從《筮法》的內容來看，將「☲」讀為勞，訓為秋收前的勞作、勞動，並配之以夏天、火、南方無疑較為符合「☲」卦本身的陰陽之序。雖然《筮法》的後天卦位已配有五行，明顯晚於尚未納入

〔註198〕其實，尚秉和就曾經提到：「右所增象（指《說卦傳》第十一章諸象），依九家本，漢人注經，十八九皆用之，何逸之有？先儒以他本皆無，讀九家有之，不敢列入，乃謹慎之意。豈知經本若無，九家何敢擅增？」指出荀爽九家易中所謂的「逸象」並不是荀爽等人所衍，而是《周易》用象本有之，而荀爽只是加以蒐羅用以解經。而劉延剛亦提到：「荀爽講卦象多超出《說卦》，乃係就卦爻辭下所見之象未為《說卦》所載者言之。其價值比較《說卦》尤大。《九家集解》本八卦之後較《說卦》都有增衍的卦象。可見《說卦》必在《九家易》前而不當在後。」亦認為《說卦傳》所列諸象並不是後人增衍，《說卦傳》應早於《九家易》，而《九家易》中的卦象反而是後人本於《說卦傳》對卦象進行的增補或增衍而成。兩位學者也都反對了《說卦傳》所載的卦象為後人所衍的觀點。請參尚秉和：《周易尚氏學》，北京：中華書局，1980年5月，頁331。劉延剛：〈《周易·說卦傳》成書年代新探〉，頁139。王化平、周燕：《萬物皆有數：數字卦與先秦易筮研究》，頁231～232。

〔註199〕【宋】朱熹：《周易本義》，臺北：大安出版社，1999年，頁273。

五行理論的「帝出乎震」，但火為陽，水為陰的認知卻相當早就出現了，這種透過陰陽屬性將八卦與水、火物象對應的卦象配屬，可能如程少軒所說未必晚於「坎水離火」的卦象對應。〔註200〕因此，《說卦傳》：「坎者，勞卦也」的「勞」象最初有可能來自於《筮法》體系，只是《說卦傳》中的坎已是水象，故需要對「勞」的卦象作出不同的解釋。另外，又如上文所舉的「坎有赤象」，《筮法》的「☲」卦因其對應南方而有赤色之象，或可猜測此象也與《筮法》有關。金景芳曾認為《說卦傳》保有《連山》、《歸藏》二易的遺說，〔註201〕今就《筮法》來看，雖然根據目前的材料尚不能確定《連山》、《歸藏》的用象為何，《說卦傳》的部份卦象是否為《連山》、《歸藏》的遺說也仍未可知，但《說卦傳》的卦象確實有可能來自於不同的易學體系。

其二、先秦易學所用的卦象可能不僅限於《說卦傳》所錄，還有很多用象並未收入其中。如「☵」卦為水、為冬天、為北、為黑的卦象就不見於《說卦傳》中，此外，從《筮法·爻象》來看，先秦不只有卦有象，連爻也有象，〈祟〉節甚至透過卦、爻象的配合，進一步地衍生出各卦代表的作祟者。王化平認為，天、地、雷、風這些用來演繹其它卦象的基礎卦象最初不存在，卦象可能根據不同的事類、情境而有所改變，進而發衍出諸多卦象，而後經過整理才產生基礎卦象。〔註202〕說明先秦易學可能因為卦名、筮占的實際需要等原因，產生出不同的卦象。甚至在基礎卦象產生之後，仍會在此基礎之上持續演繹。如乾卦有「父」象，而〈祟〉節中又根據筮數的組成衍生出「滅宗」、「父之死不葬」等作祟者，可見先秦時期用來占卜的卦象應遠超於今人所見，《說卦傳》所載的只是其中一小部份。

其三、程浩在比較過《周易》、《歸藏》及《筮法》的八卦卦象之後，認為《說卦傳》與三者的八卦系統皆有關聯，並推測《說卦傳》可能是當時對八經卦進行命解的普遍原則，既不專屬於《周易》，也並非化用自《連山》、《歸藏》。〔註203〕只不過，這種說法可能還需要商榷。首先，高亨曾提到：「先秦人講八卦卦象，除其基本卦象外，餘皆或同或異，甚為分歧。《說卦》

〔註200〕程少軒：〈清華簡《筮法》「坎離易位」試解〉，頁181。

〔註201〕金景芳：《《周易·繫辭傳》新編詳解》，瀋陽：遼海出版社，1998年8月，頁184。

〔註202〕王化平、周燕：《萬物皆有數：數字卦與先秦易筮研究》，頁232。

〔註203〕程浩：〈清華簡《筮法》與周代占筮系統〉，頁13。

所記僅是一家之言，不可專信。」其從三個層面來說明這一點，其一是根據
《晉書・束皙傳》：「汲塚竹書有《卦下易經》一篇，似《說卦》而異。」提
到汲塚竹書有《卦下易經》一篇，該篇文獻的性質雖與《說卦傳》相同，但
所列卦象與《說卦傳》有異。其二是根據《左傳》、《國語》筮例中所舉的卦
象與《說卦傳》有異。其三則是根據《象》、《彖》傳所用的卦象與《說卦傳》
不同。〔註204〕事實上，根據上述第二點，《筮法》的出現在一定的程度上證
明了高亨的觀點，先秦時期存在的卦象的確很有可能遠超於《說卦傳》中記
錄的卦象，而這些卦象又多有分歧。「坎離倒反」就是一個很好的例子，「☵」、
「☲」兩卦在《說卦傳》與《筮法》中的取象完全相反，已經說明了《說卦
傳》並非如程浩所言，是八經卦命解的「普遍原則」，只能說《說卦傳》有部
份卦象來自於其它易學體系。其次，雖然《說卦傳》若干卦象的得象來源不
明，可能來自於不同的易學體系，但從中仍可看到《說卦傳》具有某種程度
的一致性。如前所述，《說卦傳》的「天地定位」章將八經卦兩兩分類，以父
母六子長幼同序者為同一組，共有四組。這個卦序最大的特徵，在於先列陽
卦而後列陰卦，〔註205〕並用天、地、雷、風、水、火、山、澤之象稱呼之。
其中，「坎、離」一組《說卦傳》云「水火不相射」，顯然是以坎為水、以離
為火，這與第十一章所見的卦象一致。而《說卦傳》諸章的坎、離卦象，有
不少從此演繹而出者。如第四章云「雨以潤之，日以烜之」〔註206〕「雨」即
從「水」得象，而「日」在第十一章亦可見之，孔穎達疏曰：「日，取其日是
火精也。」〔註207〕可知「日」是從「火」延伸出來的卦象。第五章云：「離
也者，明也，萬物皆相見，南方之卦也，聖人南面而聽天下，嚮明而治，蓋
取諸此也。……坎者，水也，正北方之卦也，勞卦也，萬物之所歸也，故曰
勞乎坎。」〔註208〕坎為「水」象與第三章、第十一章同；至於離為「明」象，
孔穎達疏曰：「離為象日之卦，故為明也。」〔註209〕可知「明」象是由「日」

〔註204〕高亨：《周易大傳今注》，頁 472～473。
〔註205〕《說卦傳》第四、七、八、九、十、十一章列八卦諸象時的八卦次序也大致
固定為「父母→長→中→少」，並與「天地定位」章相同按照先陽後陰的規
律排列。
〔註206〕【魏】王弼、韓康伯注，【唐】孔穎達等正義：《周易正義》，頁 183。
〔註207〕【魏】王弼、韓康伯注，【唐】孔穎達等正義：《周易正義》，頁 186。
〔註208〕【魏】王弼、韓康伯注，【唐】孔穎達等正義：《周易正義》，頁 184。
〔註209〕【魏】王弼、韓康伯注，【唐】孔穎達等正義：《周易正義》，頁 184。

象延伸而來。第九章云：「坎為耳，離為目」〔註210〕孔穎達疏曰：「坎北方之卦主聽，故為耳；……離南方之卦主視，故為目也。」〔註211〕其說解較難以聯想水、火與耳、目之間的關係，而且「帝出乎震」章明明提到離卦「聖人南面而聽天下」，為何此處以北方主聽而不是以南方主聽令人費解。然而，從上述的卦象演繹來看，離為「目」象或許與「明」象有關。就此來看，《說卦傳》第十一章所列的八卦取象雖然有不少難解之處，但第十一章之前所列的卦象卻可以隱約看出一致性。因此，《說卦傳》所列的諸象應經過系統整理，並根據某些基本卦象進行取捨的結果。而「勞（坎）南羅（離）北」、「羅（離）為腹」的卦象與這套卦象體系有所衝突而沒有被收進《說卦傳》中。至於「坎北離南」與「勞南羅北」孰早孰晚，以目前的材料來看，似乎還難以下判斷。

綜合來看，《筮法》的內容雖與《周易》本經的聯繫不大，但卻與《說卦傳》有諸多可堪對之處。根據《筮法》的內容，或可推測《說卦傳》「帝出乎震」章、「乾坤六子」章、「乾為首」章所載的卦象，遲至戰國時期就已出現。只是《筮法》又有部份卦象與《說卦傳》相異，說明經卦卦象因筮占需要而衍生出不同的體系。《說卦傳》中有一些難解或互有矛盾的卦象，可能是其他易學筮占系統的遺存。從今本《說卦傳》所列的卦象來看，或可推測其卦象體系大致上還是以《周易》系統為主軸整理而出。有一些可能來自於其它系統的卦象，在《說卦傳》中必須有新的詮釋。然而，《說卦傳》並沒有說明這些卦象的來源，也沒有進一步的說解。目前僅能透過《筮法》「坎離倒反」、「離為腹」解讀「坎為勞卦」與「離為目」兩種卦象的得象來源及其演變，至於第十一章所列的諸多卦象哪些屬於《周易》體系，哪些來自於其它易學體系，來自於何種易學體系，來自其它易學體系的卦象在以《周易》系統為主《說卦傳》中又該如何解讀等諸多問題，目前還很難解釋。

〔註210〕【魏】王弼、韓康伯注，【唐】孔穎達等正義：《周易正義》，頁185。
〔註211〕【魏】王弼、韓康伯注，【唐】孔穎達等正義：《周易正義》，頁185。

第五章 結 論

　　誠如同本文第一章所言，本研究有兩個主要目的：其一、梳理《筮法》本身的文字及其解卦體系，其二、透過《筮法》探究先秦不同易學系統間的關係及其發展概況。而在經過上文三個章節的整合、討論後，以下就這兩項研究目的分別總結研究成果。

一、《筮法》的文字校理成果

　　由於《清華四》自 2013 年底出版至今已將近十年，故《筮法》文字釋讀研究的成果已頗為豐富，甚至已經有多位學者進行過集釋研究。只不過，某些文字的釋讀爭議較多，且筆者對於部份釋讀尚感疑慮，故仍重新在前人的研究基礎上進行較簡略的整理，從中選擇較正確的說法並加以證明，一共針對 56 個文字或詞語進行校理，這 56 個文字和詞語大致上又可分為七類：

　　1. 命辭：指占問的各種事類，如死生、戔、雠、霽、征以及〈果〉節所提到的大事、中事、小事、內事、外事。其中死生、雠、霽、征的具體所指已相當明瞭，惟戔與大事、中事、小事、內事、外事所謂何事尚有疑義。其中，「戔」學界的主流觀點是通讀為「變」，指占問「事的變化」，但筆者認為若將「戔」讀為「變」指「事的變化」，那「戔」實際上和「果」一樣都是指涉範圍相當廣的籠統命辭。但〈戔〉節不若〈果〉節細分大事、中事、小事等事類，單以「數而出」、「數而入」是否可用於判斷所有事類，筆者持保留的態度。而若如整理者所說將「戔」讀為「弁」指冠禮，在傳世文獻中又不見將冠禮簡稱為「弁」的證據，雖然冠禮中有「筮日筮賓」之儀，但沒有旁證證明此說為確。因此，目前較有可能的說法是將「戔」讀為「變」，通假為

「更」，指「遷都邑」。至於〈果〉節大事、中事、小事、內事、外事的具體
所指，由於《筮法》未詳加說明，故十七命何者為大事、何者為小事尚不明
瞭。大事、中事、小事、內事、外事也有可能指十七命分類下更細緻的筮占
主事，且大事、中事、小事與內事、外事或有重疊之處。

2. **卦名**：由於「臾」與常見的經卦名「坤」有別，故特別論而述之。筆
者認為「坤」字為後起字，「臾」可能是「坤」較早的寫法，「臾」由上下構形
轉變為左右構形後，「大」旁又訛為「土」旁而形成「坤」字。

3. **特殊異寫**：如《筮法》中用以計數「弍」字，為了不與卦畫「一（七）」
混淆，《筮法》用以計數的數字一，皆寫為「弍」，顯然是有意的區分。

4. **說解性文字**：指用來闡明筮占結果或解卦原則的說明性文字，和解卦
結果有關的文字如「寺」、「旎」、「牆」、「𩇕𩇕」等字。原則或內容說明如長、
查、鷹忎、力等字。其中「力」字尤為重要，許多學者都將〈十七命〉節「乃
力占之，占之必力」的「力」字讀為「扐」，並依此推測《筮法》使用了「扐
卦法」成卦。但筆者認為此處的「力」字應如王化平所說如字讀，有「力求」
之意，提醒占卦者解卦必須竭盡己能、審慎面對，與成卦法無關。

5. **寫法與他系文字相近的文字**：《筮法》的文字中共有「虛」、「焉」、
「夏」、「夕」、「復」、「卒」、「臾」、「次」、「返」9個字受到三晉系文字的影
響。此外，病字中的「丙」部件寫法，還與齊系文字的寫法相似。根據本文
第一章的《筮法》形制回顧可知，《筮法》很有可能有一部可供抄寫的底本。
這個文字特點，或許如裘錫圭所言，表明了《筮法》的抄寫底本可能來自於
晉地，[註1] 顯現《筮法》所載的這套解卦原則可能流傳甚廣，並非楚地獨
有的易學體系。

6. **解卦原則**：指《筮法》特有的卦象或爻象，一共有「虛」、「宂」、「中」、
「𣓀」、「邦去政已，於公利貧」五種。其中，「虛」、「𣓀」、「中」與爻象有關；
「宂」、「邦去政已，於公利貧」與卦象有關。

7. **卦、爻象**：「夏宗」、「父之不瓱=」、「俘以死」、「祟」、「椻歊」等字詞，
主要論證這些字詞所指稱的作祟者為何。〈爻象〉節如「癉」、「權徊」、「飢」、
「汰」、「懸」等字詞，主要論證這些字詞所指稱的物品、現象或狀態為何。

總而言之，《筮法》文字的釋讀在字形的層面上並不難，疑難字不多。其
難點在於意義的解讀。由於《筮法》特殊的文獻性質，其字詞也多有特殊的

〔註1〕裘錫圭：〈戰國文字及其文化意義研究〉，頁223～224。

涵義。再加上《筮法》並沒有相同的出土、傳世文獻可供參照，僅能透過相關文獻配合《筮法》本身的內容進行推敲。其中解卦原則和卦、爻象的釋讀更是如此，各家學說都略有不同。筆者僅能盡己所學，論證一個較合理的釋讀結果，若未來有新的文獻材料，現有的釋讀成果也可能會發生改變。

二、《筮法》的解卦系統整理

關於《筮法》解卦體系的整理，本文在第三章重新對《筮法》的解卦系統進行分類，認為《筮法》的解卦系統具有一個貫穿整個系統的「四位」骨幹，並使用了「卦象」、「爻象」、「時序」三類解卦原則輔以占斷，形成前所未見的獨特系統。

（一）《筮法》的系統骨幹──「四位卦」

「四位卦」是《筮法》首見的卦位系統，其卦畫皆應視為四個三爻卦，而非倆倆並列的六爻卦。也就是說，《筮法》的解卦體系以經卦為主體，並不使用六十四別卦為占。有一點需要特別注意，雖然《筮法》解卦系統以經卦為主軸，但從〈男女〉節「上去二，下去一」的筮例及〈死生〉節的爻象「虛」，仍可推測《筮法》並非沒有六爻卦的概念，只是該系統並不使用別卦解卦。

「四位卦」本身又包含了「四位卦象」及「四位卦位」兩個運用層次，「四位卦象」目前僅見《筮法·四位表》中所列的四組卦象。但根據《筮法》的命辭多樣性，或可推測還有更多四位卦象存在，這些卦象在《筮法》前半部的筮例中未見運用，其原因可能在於四位卦象的使用必須視實際筮占的情景而選用不同的卦象，沒有辦法標準化之故。「四位卦位」目前則有「三同一」、「上下卦」、「左右卦」、「對角卦」四種基本的運用形式，在實際筮占中，有時《筮法》會使用複合的卦位判斷筮占結果，如〈讎〉節例1「三男同女，女在毌上」就同時使用了「三同一」、「上卦」的卦位。有些學者認為「三同一」卦位的左下卦有特殊的筮占意義，但這種觀點的依據只有「若干筮例影響占斷的卦／爻象出現在左下卦」這點。筆者認為《筮法》並非所有影響筮占結果的特殊卦象都出現在左下卦，且這些卦／爻象也沒有必須位於左下卦方成立者。除此之外，《筮法》也未專節說明左下卦的特殊之處。因此，目前尚不能斷定左下卦在《筮法》中具有特殊地位。特殊卦／爻象多出現在左下卦這點，很有可能如李尚信所說，只是出於作者的習慣而致。

（二）「卦象類」和「爻象類」的解卦原則

這兩類解卦原則都有兩個層次，其一是「卦、爻本身具備的象」，其二是「卦、爻結合卦、爻位所衍生出來的特殊卦、爻象」。

關於卦象方面，《筮法》「卦本身的象」已可見《說卦傳》「父母六子」、「乾為首」以及「帝出乎震」章的方位對應諸象，只不過兩者並非完全相同，有「坎離倒反」與「離在腹不在目」的差異，筆者認為這種卦象差異應與「卦名用字」及「對坎、離二卦陰陽屬性的重視」有關。除此之外，兌卦還被稱為「數」，乾、坤兩卦則被稱為「陽」、「陰」，乾、坤兩卦被稱為「陰」、「陽」的原因很好理解，就「父母六子」的卦象來看，乾、坤兩卦為陰陽變化的本源，故將之稱為陰、陽十分合理。至於兌卦為何稱為「數」，由於材料的缺失，目前尚不得而知。另外，關於《筮法》中的特殊卦象，從簡文中一共可以找到「昭穆」、「上毀」、「邦去政已」、「妻夫」、「人」、「亢」六種，這六種卦象就有五種使用了「父母六子」的卦象，顯現「父母六子」的卦象在《筮法》的解卦系統中極為重要。其中，「昭穆」、「上毀」、「妻夫」都需要先將八卦轉換成「父母六子」卦，再配合卦位形成特殊卦象，「上毀」、「妻夫」為左右卦位相對的卦象，「昭穆」則是上下卦位相對的卦象。「邦去政已」的具體所指目前尚不能確定，有可能指「陽卦在陰卦之下」以失政喻其陰陽失位之象。也有可能指「卦象不符合昭穆」以長幼失序影射邦國失政。如果是前者，那麼「邦去政已」的卦象應與「父母六子」卦無關，但由於「邦去政已」的筮例只有一則，尚不能確定其具體所指，故不能排除該卦象與「父母六子」的關係。而「人」只出現在〈得〉節例 1 中，應指該例下方坤、巽相對，但這為何稱為「人」目前尚不得而知。「亢」則是同一經卦佔據對角卦的一種卦象，可能指某一經卦貫通或遮蔽首尾，這個經卦是否限定於艮卦，目前也還不能確定。

關於爻象方面，《筮法》使用了四、五、六、一（七）、八、九 6 種筮數。根據《筮法》的內容，這六種筮數本身的象有很大的區別，大致可以將六、一（七）歸為一類，四、五、八、九歸為一類。六、一（七）代表了陰、陽的概念，在一些與筮占無涉的篇章中，如〈天干與卦〉、〈人身卦位圖〉，也作為陰陽符號使用，惟從〈祟〉節乾、坤兩卦的「純」象來看，雖然六、一（七）不若四、五、八、九有豐富的爻象，但這兩爻在占斷上也具有一定的意義。相較之下，四、五、八、九則具有諸多特殊的爻象，《筮法》列有〈爻象〉一節各

明其象。只不過《筮法》並未說明其成象來源，學者們對此莫不搜索枯腸，以目前的研究成果來看大致上有得象於數字字形，得象於數字陰陽與得象於八卦卦象三種可能。至於這些爻象的具體用途，也因為《筮法》中未見較為具體的運用。只知道在筮占結果本身為兇，或是沒有形成特殊卦、爻象的狀況下，四、五、八、九會使結果更加惡化，具有不吉的意義。筆者認為《筮法》未見爻象具體運用的原因可能和「四位卦象」相同，在實際筮占中，爻象的選用會隨著筮占情境的不同而有所差異，需要考慮的要素相對複雜之故。至於《筮法》所見的特殊爻象，目前可見「虛」、「覆」、「淆」、「同次」四類，其中「虛」應是一種合觀左右爻位為占的一種爻象，但其具體的爻象構成目前還有爭議。「同次」則與「四位卦」的爻位有關，指四位卦次爻的用爻彼此相同。「覆」、「淆」則都與同一經卦中四、五、八、九的組成順序有關。

（三）「時序類」的解卦原則

此類解卦原則包含了八卦吉凶和「當日」、「當辰」等若干與時間有關的解卦術語。首先，八卦的吉凶規律與時間密切相關，也可以分為兩類，乾、坤兩卦可歸為一類，在一月之內有不同的吉凶變化；六子卦歸為一類，其吉凶規律隨著四季更動。乾坤父母卦於《筮法》立有〈乾坤運轉〉節專門說明兩卦的吉凶及其運行規律，以乾在下半月為吉，坤在上半月為吉，但其運行規律的說解相當曖昧不明，目前仍存在較大的爭議，未有定論。六子卦的吉凶則以〈卦位圖〉的理論為基礎，以四時為分野、四正卦為主軸，巽、艮兩卦附於四正卦的屬性，以當季者為大吉，並按照陰陽消長的變化分組，陽氣漸長的春、夏兩季之卦同吉兇，陰氣漸滋的秋、冬兩季之卦同吉兇。此外，從〈卦位圖〉及〈四季吉凶〉中亦可見到八卦與五行的初步對應，不過其對應與後世略有不同，《筮法》的艮卦屬水，而乾坤兩卦沒有五行對應，只單純代表了陰、陽的概念。

至於「當日」、「述日」、「當日與當辰」、「歲在前、月在前、日在前」四個與時間有關的解卦術語。其中，「歲在前、月在前、日在前」有兩種可能，一是指歲、月、日的干支出現在四位卦的上卦，二是指「四季吉兇（歲）」、「乾坤吉兇（月）」、「值日干支（日）」出現在四位卦的上卦。然而，雖然《筮法》的經卦皆配有干支，但目前並沒有直接的證據證明先秦時期已經使用六十甲子紀年與紀月，故第二種說法較有可能成立。而「當日」之「日」應指天干，指四位卦中出現筮占之日的天干；「當辰」應指四位卦中出現筮占之日

的地支；「述日」則指四位卦中同時出現筮占之日的干支；「當日如當辰」的「如」應讀為「或」，指四位卦中出現筮占之日的天干或地支。

（四）其他影響占斷結果的要素

除了上述所提到的解卦原則之外，命辭與筮占對象也會對結果判讀造成影響。命辭方面，〈果〉節顯現不同性質的命辭類別（大事、中事、小事、外事、內事）有其優先判讀的解卦原則。另外，「三男同女」的卦象在〈娶妻〉、〈得〉、〈讎〉、〈見〉有不同的吉凶結果，也證明了命辭會使相同的解卦原則產生不同的解讀。而在筮占對象方面，〈死生〉、〈見〉、〈貞丈夫女子〉都提到了「大人、男子、女人」等特定的筮占對象，可見筮占對象也會影響筮占結果的判讀，顯現《筮法》系統的解卦手段相當多元，具有相當的靈活性與複雜性。

從《筮法》的筮例來看，其解卦體系並不只使用一種原則解卦，而是會同時運用多種原則，如〈死生〉節例 5、6 的「三吉同兌／三兌同吉，惡爻處之，今焉死」，就同時運用了「三同一（四位卦位）」、「四季吉兌（八卦時間性）」、「惡爻（爻性）」三種原則解讀筮例。值得注意的是，《筮法》雖然是較具系統性的筮書，但其中只羅列了幾個常用的判例標準及解卦原則，並沒有對整個解卦體系進行詳細的說明。也就是說《筮法》所載的解卦原則，很有可能只是該系統的片鱗。根據「四位卦象」、〈四季吉凶〉節「乃惟兌之所集於四位是視，乃以名其兌」等內容來看，《筮法》解卦體系實際上的運用應更加細緻，可以針對一件事中的不同人／事／物預測其吉凶、狀態，只是這些判斷會隨著占卜情境的不同而有所改易，難以標準化，故《筮法》未列出具體的解讀方法。另外，《筮法》前半部的筮例也沒有辦法涵蓋所有狀況。如〈享〉、〈貞丈夫女子〉兩節筮例的解卦手段皆與乾、坤兩卦有關，但卻未說明當沒有出現乾、坤兩卦時該如何解讀。又如〈支〉、〈行〉兩節都只以「數（兌卦）」判斷筮占結果，倘若兌卦未出現，也未知該如何判斷。凡此種種，不勝枚舉，都說明了《筮法》只是列出系統中較具代表性或較為重要的解卦原則，並非整個筮占系統的說解。而從上文對《筮法》解卦系統的總結還可以發現，《筮法》的部份解卦原則目前還有疑義，如〈乾坤運轉〉的規律，兌卦為何被稱為「數」，「虛」、「上毀」等卦爻象的具體所指，〈果〉節「歲、月、日」的時間所指、〈祟〉節「男勝女，眾勝寡」的概念與〈死生〉節「三吉同兌」的結果產生衝突等問題。對此，筆者也只能根據現有的

線索提出若干猜測，希冀未來能出土更多的材料來證明這些推測是否正確。

三、《筮法》所反映的早期易學概況及其發展

關於這個部份的研究，雖然在章節的安排上，本文以「數字卦」及「《歸藏》、《周易》」兩個層面分別講述了《筮法》與兩者間的關係及發展，但「數字卦」本身並非獨立的筮占體系，而只是一種記卦的形式，「數字卦」中可能包含了多個筮占體系，《周易》、《歸藏》可能都涵蓋於其中，故此處將以《筮法》與《周易》、《歸藏》的關係及其理論發展為主軸作結。

（一）《筮法》、《歸藏》與《周易》的關係

雖然《筮法》在卦名、卦序以及記卦符號的層次上，與《歸藏》較為相似，但筆者仍認為兩者並非是同一個易學體系，因為兩者的解卦原則有較大的差異。如上所述，《筮法》的解卦系統以「四位」為基礎，並輔以卦象、爻象、時序三大類別的解卦原則判讀筮占結果，雖然《筮法》也有六爻卦的概念，但實際上並不以別卦解卦。而現存輯本《歸藏》的內容不多，秦簡《歸藏》也相當殘斷，但《歸藏》有卦辭而無爻辭，顯現《歸藏》與《周易》的解卦系統有別，很有可能不以「變爻」而是單純以「卦辭」為占。綜合來看，《周易》以卦爻辭為占，《歸藏》可能以卦辭為占，《筮法》則是卦、爻辭皆不用，主要以八卦的卦象配合卦位為占，顯現三者是不一樣的解卦體系。

雖然在《筮法》出現以後，有不少學者從「卦名」、「卦序」及「陰陽爻形」三個層面嘗試論證《筮法》可能屬於《歸藏》一系的易學。但筆者認為從兩者的對應來看，這三個層面都無法證明《筮法》是《歸藏》一系的易學。首先關於卦名，《筮法》與《歸藏》的卦名用字乍看之下十分相近，其坎卦都用「勞」字，而坤卦都用「奭」字，但實際上「坤」有可能是從「奭」演變而來。也就是說，「奭」其實就是「坤」字。雖然根據《筮法》「坎離倒反」的卦象可知先秦的卦名在通假之後，很有可能因其字義進而演繹出新的卦象，並由新的卦象則會產生不同的詮釋系統，使易學體系產生分歧。只不過，從離卦在秦簡《歸藏》中用「麗」字，在帛書《周易》用「羅」字、《筮法》的震卦同時使用了「晉、埜」作為卦名，但其中只見「晉」的卦象而不見「埜」有何特殊卦象這兩點來看，也可推測先秦易學卦名的通假也不全然與該體系的卦象有關。如輯本、秦簡《歸藏》☳卦雖然也使用「勞」字作為卦名，不過輯本《歸藏》並沒有記載「勞」卦的卦象，秦簡《歸藏》也只有「勞曰：昔者蚩

尤卜鑄五兵而攴占赤□☒。【536】」〔註2〕亦難以從中看到「勞」有《筮法》夏、
南方、火的卦象，雖然其中有「赤」字，但由於後文殘缺，故未知其中的「赤」
是否指顏色。若此，則《歸藏》使用「勞」字做為「坎」卦的卦名也有可能只
是單純的通假，很難說《筮法》的經卦體系近於《歸藏》。

其次關於卦序，雖然輯本《歸藏‧初經》與《筮法》也有卦序相同的現
象，但這個卦序還同時出現在帛書《周易》的下卦卦序中，並不能確定這個
卦序究竟是屬於《歸藏》體系還是《周易》體系。因此，筆者認為也無法根據
卦序推斷《筮法》與《歸藏》系統相近。

最後，從記卦符號的層面來看，雖然《筮法》與秦簡《歸藏》的陰陽卦畫
皆是 ▬、▬▬，根據「筮數分工」的理論，可知兩者的用數體系當十分接近，
都使用了七、六筮得機率高的成卦法。只不過，秦簡《歸藏》的 ▬、▬▬ 是
已經抽象化的陰陽符號，未知其用數是否與《筮法》相同是四、五、六、七、
八、九。據此，亦很難說兩者使用了相同的成卦法。

綜合來看，雖然《筮法》與《歸藏》在卦名、卦序與記卦符號的層面上有
相似之處，但目前還很難依此斷定《筮法》出自或是近於《歸藏》體系。同
理，《筮法》雖然有若干卦象、卦名與《說卦傳》可互相參對，但兩者仍有「坎
離倒反」、「離為腹不為目」等相異之處，且主要的解卦原則亦大相逕庭，也
難以將《筮法》歸於《周易》一系。因此，筆者認為《筮法》與《歸藏》、《周
易》仍是三種不同的解卦體系，《筮法》不應歸於或接近哪一系。《筮法》與
《歸藏》、《周易》可互相勘對的理論，可能說明了戰國時代某些易學知識，
已非特定易學系統所有，而是成為諸多易學體系的公共知識。

（二）《筮法》揭示的先秦易學發展脈絡

關於這個問題，可以從兩條研究脈絡來談，一是成卦法的脈絡，二是卦
象的脈絡。首先關於成卦法，不同的成卦法會產生不同的用數。根據「筮數
分工」的理論，不同的用數體系會造成陰陽爻形的不同。就現有的材料來，
先秦應該還存在著另一類有別於「大衍筮法」，較容易筮得筮數六的成卦法。
從鼎卦戈的用數來看，成卦法並非不同易學體系的分野，因成卦法與解卦法
並非固定不變的配套理論，同一種解卦系統可能使用多種成卦法，而同一種
成卦法也可能適用多種解卦系統。

〔註 2〕王明欽：〈王家台秦墓竹簡綜述〉，頁 32。

　　至於陰陽爻的形成問題，目前先秦可見的陰爻爻形有 ⋀、▰ 兩種，分別來自上述兩類成卦法。若綜合商周數字卦的筮數頻率來看，可知較容易筮得六的成卦法，可能才是商周時期的主流，「大衍筮法」這類較易筮得八的成卦法或許較為晚出。而在戰國時期，陰爻的爻形尚未統一，顯現目前所用的 ▬▬ 相當晚才定型。另外，從《筮法》以一代七的現象來看，商周數字卦的 ▬ 都有讀為七的可能。雖然從少數一、七共存的數字卦可知一確實作為筮數使用，但筮數一不太可能是筮得機率高的主流筮數。原因在於要以算籌達成一、六筮得機率高、跳過二、三、四、七，且五、八、九筮得機率低三個條件的成卦法相當困難。至少以現代僅存的「大衍筮法」難以模擬出這種成卦法。反而有不少學者以大衍筮法為藍本，成功模擬出六、七筮得機率高，四、五、八、九筮得機率低的成卦法。因此，陽爻符號 ▬ 較有可能是由筮數七簡化而來。而陰陽卦畫形成之後，筮者會根據實際使用的需求，選擇筮數記卦或陰陽爻記卦，實占紀錄仍用筮數記卦，與實占無關的筮書文獻則用陰陽爻記卦。

　　其次關於卦象，根據上文可知《筮法》、《周易》與《歸藏》應是不同的解卦系統。但根據《周禮》稱三易「其經卦皆八，其別皆六十有四」，[註3] 可知經卦、別卦應是先秦易學共有的知識體系。根據本文的論證，先秦的卦名用字實際上都有通假的關係，各易學體系間也都互有通用。而在通假借用後，不同的卦名用字可能會隨著筮占的需要產生不同的卦象，進而形成解卦體系的差異。在現存的易學文獻中，《說卦傳》是目前最早紀錄八卦諸象的文獻，以往有許多學者認為《說卦傳》晚出，而今可根據《筮法》推測《說卦傳》當在戰國中晚期之前就已經初具架構。只不過，《筮法》雖然出現了與《說卦傳》可勘對的內容，但其卦象卻有所區別。這說明了在《說卦傳》以外，還存在著許多卦象，從《筮法》的「四位卦象」及〈爻象〉節來看，可知先秦用於筮占的易象種類繁多且複雜。《說卦傳》應是經過整理後的文本，歸納出八卦的若干基礎用象。根據《說卦傳》的內容，可知其主要的八卦取象應近於《周易》體系。惟《說卦傳》並沒有說明卦象的得象來源，有些卦象現在已難知其得象原因，只能根據《筮法》推測部份卦象可能來自其它易學體系。然而，《筮法》的內容並沒有辦法解決《說卦傳》所有卦象的得象問題，只能通過「坎離倒反」推測「坎為勞卦」的來源很有可能是《筮法》一系的解卦系統，並在

〔註3〕【漢】鄭玄注，【唐】賈公彥疏：《周禮注疏》，頁370。

《說卦傳》以坎為水的體系中有不同的解釋。至於其它卦象哪些原本屬於《周易》體系，哪些來自其它易學體系，《說卦傳》又為何選擇這些卦象、如何解讀來自於其它易學體系卦象等諸多問題，目前都還難以解釋。

四、未來研究展望

如上所述，本文的主要研究成果有三，一為重新校理了《筮法》的文字內容，二為系統性地整理《筮法》的解卦原則，三為透過《筮法》與《歸藏》、《周易》內容的對比，探究彼此之間的關係及其發展概況。然而，囿於材料不足及筆者自身的學力有限，本研究仍有一些未竟之處：

（一）《筮法》仍有不少內容尚待解明

目前對於《筮法》的文字與解卦原則的整理和探究只是階段性的結果，有不少受限於材料而難以解明的內容。如〈死生〉節的「虛」，雖然我們透過文字校理可以確定該字為「虛」字無誤，也通過簡文得知「虛的總數為六」，進而推測「虛」是一種合觀四位卦左右兩爻的解卦原則。但從「五虛同一虛」的簡文可知，「虛」應有兩種構成形式，但單從卦畫難以看出這兩種構成形式為何。又如〈得〉節的「見覆數」，雖然可知「覆數」應指該例左上由「九五四」構成的兌卦，但不知其各爻的成卦順序，不能確定此處所指的爻數倒覆為「九五四」抑或是「四五九」。此外，兌卦稱為「數」的原因為何？其他七個經卦有無像「兌卦稱為數」的別稱？四位卦象在《筮法》中具體如何運用？〈果〉節大事、中事、小事、外事、內事的具體事類所指。凡此諸多疑問，多數只能暫時得出一個階段型的結論，待未來出現新材料，才能更進一步地釐清。

（二）《筮法》與《周易》的對比尚可更加深入

本研究與《周易》的對比主要集中在可直接勘對的卦畫、卦名以及卦象三個層面上，而卦象的比對又以《說卦傳》為主。然《筮法》與《周易》之間的聯繫不僅僅如此，譬如「易理」的層面本文幾無觸及，也未詳細比對《說卦傳》以外與《筮法》在內容上未有直接對應的其他易傳。因此，《筮法》與《周易》之間的關係及其源流，應還有深入探討的空間。

（三）《筮法》與漢代易學的比對研究及發展脈絡之開展

已經有相當多學者注意到《筮法》與漢代京房一系的納甲易學有密切的

關連，證明了京、焦的理論學說早有所本。而本文僅在第一章概述學界目前對《筮法》與漢代易學聯繫的研究現況，並利用相關文獻解讀《筮法》若干解卦原則及知識，並未針對《筮法》與漢代易學間的聯繫展開論述。因此，這方面的研究也有待梳理剖析。

徵引文獻

傳世文獻按朝代先後，其餘按姓氏筆畫排列。

一、古　籍

（一）傳世文獻

1. 【漢】孔安國傳，【唐】孔穎達疏：《尚書正義》，臺北：藝文印書館，1985年。

2. 【漢】毛亨傳、【漢】鄭玄箋、【唐】孔穎達疏：《詩經》，臺北：藝文印書館，1985年。

3. 【漢】伏生撰、【漢】鄭玄注：《尚書大傳》，收錄於嚴一萍選輯：《叢書集成續編》，臺北：藝文印書館，1970年。

4. 【漢】班固撰，【唐】顏師古注：《漢書》，北京：中華書局，1962年6月。

5. 【漢】高誘注：《呂氏春秋》，臺北：藝文印書館，2009月10月。

6. 【漢】揚雄撰，【宋】司馬光集注，劉韶軍點校：《太玄集注》，北京：中華書局，1998年。

7. 【漢】賈誼撰，閻振益、鍾夏校注：《新書校注》，北京：中華書局，2000年7月。

8. 【漢】趙岐注、【宋】孫奭疏：《孟子》，臺北：藝文印書館，1985年。

9. 【漢】鄭玄注，【唐】孔穎達等正義：《禮記正義》，臺北：藝文印書館，1985年。

10. 【漢】鄭玄注，【唐】賈公彥疏：《周禮注疏》，臺北：藝文印書館，1985年。

11. 【漢】應邵撰，王利器校注：《風俗通義校注》，北京：中華書局，1981年1月。

12. 【魏】王弼、韓康伯注、【唐】孔穎達等正義：《周易正義》，臺北：藝文印書館，1985年。

13. 【魏】何晏注、【宋】刑昺疏：《論語》，臺北：藝文印書館，1985年。

14. 【吳】韋昭注：《國語》，臺北：藝文印書館，1974年3月。

15. 【晉】郭璞注，【宋】邢昺疏：《爾雅注疏》，臺北：藝文印書館，1985年。

16. 【梁】沈約撰：《宋書》，北京：中華書局，1974年10月。

17. 【隋】蕭吉：《五行大義》，收錄於嚴一萍選輯：《百部叢書集成》，臺北：藝文印書館，1966年。

18. 【唐】李鼎祚：《周易集解》，北京：九州出版社，2003年2月。

19. 【唐】房玄齡等撰：《晉書》，北京：中華書局，1974年11月。

20. 【唐】楊筠松：《天玉經》，收錄於商務印書館四庫全書出版工作委員會編：《四庫全書》，北京：商務印書館，據文津閣四庫全書影印，2005年，第267卷。

21. 【唐】李延壽：《北史》，北京：中華書局，1974年10月。

22. 【宋】朱熹：《晦庵集》，收錄於收錄於商務印書館四庫全書出版工作委員會編：《四庫全書》，北京：商務印書館，據文津閣四庫全書影印，2005年，第382卷。

23. 【宋】朱熹：《周易本義》，臺北：大安出版社，1999年。

24. 【宋】陳彭年撰，林尹校訂：《宋本廣韻》，臺北：黎明文化，1976年9月。

25. 【宋】鮑彪注：《戰國策》，臺北：商務印書館，1970年。

26. 【遼】釋行均撰：《龍龕手鑒》，臺北：藝文出版社，1966年。

27. 【元】脫脫撰：《宋史》，北京：中華書局，1985年6月。

28. 【清】王先謙撰：《荀子集解》，北京：中華書局，1988年9月。

29. 【清】王先謙撰：《韓非子集解》，北京：中華書局，1998年7月。

30. 【清】李光地纂、劉大鈞整理：《周易折中》，四川：巴蜀書社，1998年4月。

31. 【清】段玉裁：《說文解字注》，臺北：藝文印書館，1994年12月。

32. 【清】馬國翰輯:《玉函山房輯佚書(壹)》,揚州:廣陵書社,2004 年 11 月。

33. 【清】惠棟撰、鄭萬耕點校:《周易述》,北京:中華書局,2007 年 9 月。

34. 【清】王引之:《經義述聞》,江蘇,江蘇古籍出版社,1985 年 7 月。

(二)出土文獻與工具書

1. 中國社會科學院考古研究所:《殷周金文集成》,北京:中華書局,2007 年 4 月。

2. 中國社會科學院考古研究所:《殷墟發掘報告:1958～1961》,北京:文物出版社,1987 年 11 月。

3. 王輝主編:《秦文字編》,北京:中華書局,2015 年 4 月。

4. 甘肅省文物考古研究所編:《天水放馬灘秦簡》,北京:中華書局,2009 年 8 月。

5. 李守奎:《楚文字編》,上海:華東師範大學出版社,2003 年 2 月。

6. 李學勤主編:《清華大學藏戰國竹簡(捌)》,上海:中西書局,2018 年 11 月。

7. 李學勤主編:《清華大學藏戰國竹簡(壹)》,上海:中西書局,2010 年 12 月。

8. 李學勤主編:《清華大學藏戰國竹簡(肆)》,上海:中西書局,2013 年 12 月。

9. 李學勤主編:《清華大學藏戰國楚簡文字編(壹～參)》,上海:中西書局,2014 年 5 月。

10. 李學勤主編:《清華大學藏戰國楚簡文字編(肆～陸)》,上海:中西書局,2017 年 10 月。

11. 林宏明:《醉骨集》,臺北:萬卷樓,2011 年 3 月。

12. 河南省文物考古研究所:《新蔡葛陵楚墓》,鄭州:大象出版社,2003 年 10 月。

13. 馬承源主編:《上海博物館藏戰國楚竹書(參)》,上海:上海古籍出版社,2003 年 12 月。

14. 張振謙:《齊魯文字編》,北京:學苑出版社,2014 年 7 月。

15. 張新俊、張勝波著：《新蔡葛陵楚簡文字編》，四川：巴蜀書社，2008 年 8 月。

16. 曹瑋：《周原甲骨文》，北京：世界圖書出版公司，2002 年 10 月。

17. 郭錫良：《漢字古音手冊》，北京：商務印書館，2010 年 8 月。

18. 湖北省文物考古研究所：《隨州孔家坡漢墓簡牘》，北京：文物出版社，2006 年 6 月。

19. 湖北省荊沙鐵路考古隊：《包山楚簡》，湖北：文物出版社，1991 年 10 月。

20. 湯志彪：《三晉文字編》，北京：作家出版社，2013 年 10 月。

21. 裘錫圭主編：《長沙馬王堆漢墓帛書集成（參）》，北京：中華書局，2014 年 6 月。

22. 睡虎地秦簡整理小組：《睡虎地秦墓竹簡》，北京：文物出版社，1990 年 9 月。

23. 滕壬生：《楚系簡帛文字編（增訂本）》，武漢：湖北教育出版社，2008 年 10 月。

24. 薛尚功：《歷代鐘鼎彝器款識法帖》，北京：中華書局，1986 年 5 月。

二、近人論著

（一）專　書

1. 丁四新：〈楚竹簡與漢帛書《周易》校注〉，上海：上海古籍出版社，2011 年 4 月。

2. 丁四新：《周易溯源與早期易學考論》，北京：中國人民大學出版社，2017 年 2 月。

3. 于豪亮：《馬王堆帛書《周易》釋文校注》，上海：上海古籍出版社，2013 年 12 月。

4. 王化平、周燕：《萬物皆有數：數字卦與先秦易筮研究》，北京：人民出版社，2015 年 6 月。

5. 史善剛、董延壽：《簡帛易卦考》，北京：高等教育出版社，2015 年 12 月。

6. 何寧：《淮南子集釋》，北京：中華書局，1998 年 10 月。

7. 吳毓江：《墨子校注》，北京：中華書局，1993 年 10 月。

8. 宋華強：《新蔡葛零楚簡初探》，武昌：武漢大學出版社，2010 年 3 月。

9. 李漢三：《先秦兩漢之陰陽五行學說》，臺北：維新書局，1968 年 1 月。

10. 李學勤：《失落的文明》，上海：上海文藝出版社，1997 年 12 月。

11. 李學勤：《初識清華簡》，上海：中西書局，2013 年 6 月。

12. 李學勤：《周易溯源》，四川：巴蜀書社，2006 年 1 月。

13. 李鏡池：《周易探源》，北京：中華書局，1978 年 3 月。

14. 邢文：《帛書周易研究》，北京：人民出版社，1997 年 11 月。

15. 季旭昇主編：《清華大學藏戰國竹簡（肆）讀本》，臺北：萬卷樓圖書，2019 年 4 月。

16. 尚秉和：《周易尚氏學》，北京：中華書局，1980 年 5 月。

17. 邴尚白：《葛陵楚簡研究》，臺北：臺灣大學出版中心，2009 年 12 月。

18. 金景芳：《《周易·繫辭傳》新編詳解》，瀋陽：遼海出版社，1998 年 8 月。

19. 姚春鵬：《黃帝內經》，北京：中華書局，2010 年 6 月。

20. 晏昌貴：《巫鬼與淫祀——楚簡所見方術宗教考》，武漢：武漢大學出版社，2010 年 3 月。

21. 高亨：《周易大傳今注》，北京：清華大學出版社，2010 年 8 月。

22. 張心澂：《偽書通考》，臺北：宏業書局，1979 年 10 月。

23. 張政烺著，李零等整理：《張政烺論易叢稿》，北京：中華書局，2011 年 1 月。

24. 張儒、劉毓慶：《漢字通用聲素研究》，太原：山西古籍出版社，2002 年 4 月。

25. 陳新雄：《古音研究》，臺北：五南書局，1999 年 4 月。

26. 陳遵媯：《中國天文學史》，上海：人民出版社，2007 年 7 月。

27. 黃暉：《論衡校釋》，臺北：商務印書館，1983 年 12 月

28. 黃壽祺、張善文著：《周易譯註》，臺北：頂淵文化，2000 年 5 月。

29. 黃德寬：《古漢字發展論》，北京：中華書局，2014 年 4 月。

30. 黃懷信、張懋鎔、田旭東撰：《逸周書彙校集注》，上海：上海古籍出版社，2007 年 3 月。

31. 楊伯峻：《春秋左傳注》，高雄：復文書局，1991 年 9 月。

32. 裘錫圭：《裘錫圭學術文集第三卷》，上海：復旦大學出版社，2012 月。

33. 賈連翔：《出土數字卦文獻輯釋》，上海：中西書局，2020 年 8 月。

34. 賈連翔：《戰國竹書形制及相關問題研究——以清華大學藏戰國竹簡為中心》，上海：中西書局，2015 年 10 月。

35. 廖名春：《周易經傳與易學史新論》，濟南：齊魯書社，2001 年 8 月。

36. 廖名春：《新出楚簡試論》，臺北：臺灣古籍出版社，2001 年。

37. 裴學海：《古文虛字集釋》，北京：中華書局，1954 年 10 月。

38. 趙振鐸：《集韻校本》，上海：上海辭書出版社，2012 年 12 月。

39. 劉國忠：《走近清華簡》，北京：高等教育出版社，2011 年。

40. 劉國樑注譯，黃沛榮校閱：《周易參同契》，臺北：三民書局，1999 年 11 月。

41. 劉樂賢：《睡虎地秦簡日書研究》，臺北：文津出版社，1994 年 7 月。

42. 蔣禮鴻：《商君書錐指》，北京，中華書局，1986 年 4 月。

43. 黎翔鳳：《管子校注》，北京：中華書局，2006 年 6 月。

44. 韓自強：《阜陽漢簡《周易》研究》，上海：上海古籍出版社，2004 年 7 月。

45. 魏慈德：《古代風神崇拜》，臺北：臺灣古籍出版社，2002 年 4 月。

46. 瀧川龜太郎：《史記會注考證》，臺北：大安出版社，2000 年 12 月。

（二）期刊論文

1. 丁四新：〈數字卦研究的階段、貢獻及其終結〉，《周易研究》第 151 期，2018 年 10 月。

2. 于茀：〈包山楚簡中的數字卦〉，《北方論叢》第 190 期，2005 年 3 月。

3. 于茀：〈戰國簡卦畫問題再探討〉，《北方論叢》第 208 期，2008 年 3 月。

4. 子居：〈清華簡《筮法》解析（修訂稿上）〉，《周易研究》第 128 期，2014 年 11 月。

5. 子居：〈清華簡《筮法》解析（修訂稿下）〉，《周易研究》第 129 期，2015 年 1 月。

6. 王明欽：〈王家台秦簡綜述〉，收入艾蘭、邢文編：《新出簡帛研究》，北京：文物出版社，2004 年 12 月。

7. 王明欽：〈試論《歸藏》的幾個問題〉，收入古方、徐良高：《一劍集》，北京：中國婦女出版社，1996 年 10 月。

8. 王新春：〈清華簡《筮法》的學術史意義〉，《周易研究》第 128 期，2014 年 11 月。

9. 王輝：〈王家台秦簡《歸藏》校釋 28 則〉，《江漢考古》第 86 期，2003 年
3 月。

10. 白奚：〈中國古代陰陽與五行說的合流——《管子》陰陽五行思想新探〉，
《中國社會科學》1997 年第 5 期，1997 年 9 月。

11. 任俊華、梁敢雄：〈《歸藏》、《坤乾》源流考——兼論秦簡《歸藏》兩種
摘抄本的由來與命名〉，《周易研究》第 56 期，2002 年 12 月。

12. 安陽市博物館：〈殷墟戚家莊 269 號墓發掘簡報〉，《中原文物》1986 年
第 3 期，1986 年 10 月。

13. 吳勇：〈也談所謂「楚簡數字卦」問題〉，《長江大學學報（社會科學版）》
第 30 卷第 5 期，2007 年 10 月。

14. 吳勇：〈出土文獻中的易卦符號再認識〉，《周易研究》第 100 期，2010 年
4 月。

15. 吳勇：〈從竹簡看所謂數字卦問題〉，《周易研究》第 78 期，2006 年 7 月。

16. 宋鎮豪：〈談談《連山》和《歸藏》〉，《文物》2010 年第 2 期，2010 年 2
月。

17. 李存智：〈郭店與上博楚簡諸篇陰聲韻部通假關係試探〉，臺大中文學報
第 29 期，2008 年 12 月。

18. 李守奎：〈清華簡《筮法》文字與文本特點略說〉，《深圳大學學報》（人
文社會科學版）第 31 卷第 1 期，2014 年 1 月。

19. 李守奎：〈漢字倒寫構形與古文字的釋讀〉，漢學研究第 33 卷第 2 期，
2015 年 6 月。

20. 李宗焜：〈數字卦與陰陽爻〉，《中央研究院歷史語言研究所期刊》第 77
本，2006 年 6 月。

21. 李尚信：〈清華簡《筮法》筮例並非筮占實例〉，《深圳大學學報》（人文
社會科學版）第 33 卷第 2 期，2016 年 3 月。

22. 李家浩：〈王家台秦簡「易占」為《歸藏》考〉，《傳統文化與現代文化》
1997 年第 1 期，1997 年 2 月。

23. 李銳：〈讀清華簡《筮法》箚記〉，《出土文獻研究》第 15 輯，2016 年 7 月。

24. 李學勤：〈《歸藏》與清華簡《筮法》、《別卦》〉，《吉林大學社會科學學報》
54 卷第 1 期，2014 年 1 月。

25. 李學勤：〈清華簡《筮法》與數字卦問題〉，《文物》2013 年第 8 期，2013 年 8 月。

26. 李學勤：〈談安陽小屯以外出土的有字甲骨〉，《文物參考資料》1956 年第 11 期，1956 年 11 月。

27. 肖楠：〈安陽殷墟發現「易卦」卜甲〉，《考古》1989 年第 1 期，1989 年 1 月。

28. 谷繼明：〈清華簡《筮法》偶識〉，《周易研究》第 130 期，2015 年 3 月。

29. 辛亞民：〈《歸藏》殷易說考辨〉，《中國哲學史》2017 年第 1 期，2017 年 2 月。

30. 邢文：〈數字卦與《周易》形成的若干問題〉，《臺大中文學報》第 27 期，2007 年 1 月。

31. 亞當―施沃慈〈從象數角度解釋《筮法》「死生」篇的一些內容〉，《出土文獻》第 12 輯，2018 年 4 月。

32. 季旭昇：〈古文字中的易卦材料〉，該文收入劉大鈞主編：《象數易學研究（第三輯）》，成都：巴蜀書社，2003 年 3 月。

33. 季旭昇：〈清華四芻議：聞問，凡是（征）〉，收錄於復旦大學出土文獻與古文字研究中心編：《出土文獻與古文字研究》，上海：復旦大學出土文獻與古文字研究中心，2015 年 2 月。

34. 林忠軍：〈王家台秦簡《歸藏》出土的易學價值〉，《周易研究》第 48 期，2001 年 5 月。

35. 侯乃峰：〈釋清華簡《筮法》的幾處文字與卦爻取象〉，《周易研究》第 130 期，2015 年 3 月。

36. 胡厚宣：〈釋殷代求年于四方和四方風的祭祀〉，《復旦學報（人文科學版）》1956 年第 1 期，1956 年 1 月。

37. 孫勁松：〈略論朱熹和郭雍的蓍法之辯〉，《汕頭大學學報（人文社會科學版）》第 2010 年 06 期，2010 年 12 月。

38. 孫航：〈清華簡《筮法》芻議〉，《周易文化研究》第 5 輯，2013 年 12 月。

39. 徐在國、李鵬輝：〈談清華簡《別卦》中的「泰」字〉，《周易研究》第 133 輯，2015 年 9 月。

40. 袁金平、李偉偉：〈清華簡《筮法‧祟》與睡虎地秦簡《日書甲種‧詰》

對讀札記〉,《周易研究》第 133 期,2015 年 9 月。

41. 馬楠:〈清華簡《筮法》二題〉,《深圳大學學報》(人文社會科學版) 31 卷第 1 期,2014 年 1 月。

42. 張克賓:〈論清華簡《筮法》卦位圖與四時吉凶〉,《周易研究》第 124 期, 2014 年 3 月。

43. 張朋:〈再論清華簡《筮法》與數字卦諸問題〉,《中州學刊》第 238 期, 2016 年 10 月。

44. 張朋:〈數字卦與占筮——考古發現中的筮法及相關問題〉,《周易研究》 第 48 期,2007 年 8 月。

45. 曹定云:〈新發現的殷周「易卦」及其意義〉,《考古與文物》1994 年第 1 期,1994 年 1 月。

46. 曹瑋:〈陶拍上的數字卦研究〉,《文物》,2002 年第 11 期,2002 年 11 月。

47. 梁韋弦:〈《歸藏》考〉,《古籍整理研究學刊》2011 年第 3 期,2011 年 5 月。

48. 梁韋弦:〈王家台秦簡「易占」與殷易《歸藏》〉,《周易研究》第 53 期, 2002 年 6 月。

49. 梁韋弦:〈四時、五行、八卦結構形成的年代〉,《福建師範大學學報》2013 年第 6 期,2013 年 12 月。

50. 梁韋弦:〈有關清華簡《筮法》的幾個問題〉,《周易研究》第 126 期, 2014 年 7 月。

51. 連邵名:〈江陵王家台秦簡《歸藏》筮書考〉,《中國哲學史》2001 年第 3 期,2001 年 8 月。

52. 郭永秉:〈釋清華簡中倒山形的「覆」字〉,收錄於郭永秉:《古文字與古 文獻論集續編》,上海:上海古籍出版社,2015 年 8 月。

53. 陳劍:〈試說戰國文字中寫法特殊的「兀」字和從「兀」諸字〉,收錄於 劉釗主編:《出土文獻與古文字研究(第三輯)》,上海:復旦大學出版社, 2010 年 7 月。

54. 雪苗青:〈清華簡《筮法》的高級性元符卦和示數卦——與李學勤等先生 商榷〉,《中州學刊》第 246 期,2017 年 6 月。

55. 雪苗青:〈清華簡《筮法》諸例卦皆數字卦嗎?發現反例——與李學勤、 廖名春等先生商榷〉,《懷化學院學報》第 35 卷第 1 期,2016 年 1 月。

56. 程二行、彭公璞〈《歸藏》非殷人之易考〉，《中國哲學史》2004 年第 2
期，2004 年 5 月。

57. 程少軒：〈清華簡《筮法》「坎離易位」試解〉，《中國文字》新 41 期，
2015 年 7 月。

58. 程浩：〈《筮法》占法與「大衍之數」〉，《深圳大學學報》（人文社會科學
版）31 卷第 1 期，2014 年 1 月。

59. 程浩：〈清華簡《筮法》與周代占筮系統〉，《周易研究》第 122 期，2013
年 11 月。

60. 程浩：〈略論《筮法》的解卦原則〉，《出土文獻》第 4 輯，2013 年 12 月。

61. 程浩：〈輯本《歸藏》源流蠡測〉，《周易研究》第 130 期，2015 年 3 月。

62. 程燕：〈談清華簡《筮法》中的「坤」字〉，《周易研究》第 124 期，2014
年 3 月。

63. 程薇：〈試釋清華簡《筮法》中的▇字〉，《深圳大學學報》（人文社會科
學版）31 卷第 3 期，2014 年 5 月。

64. 馮時：〈清華《筮法》卦位圖所見陰陽觀〉，《哲學與文化》第 42 卷第 10
期，2015 年 10 月。

65. 黃杰：〈清華簡《筮法》補釋〉，《周易研究》第 142 期，2017 年 3 月。

66. 楊蒙生：〈清華簡《筮法》篇「焉」字補說——兼談平山中山王器銘中的
一個相關字〉，《安徽大學學報》2018 年第 3 期，2018 年 5 月。

67. 董珊：〈論新見鼎卦戈〉，收錄於劉釗主編：《出土文獻與古文字研究》第
四輯，上海：上海古籍出版社，2011 年 12 月。

68. 裘錫圭：〈戰國文字及其文化意義研究〉，收錄於復旦大學出土文獻與古
文字研究中心編：《出土文獻與古文字研究（第六輯）》，上海：復旦大學
出土文獻與古文字研究中心，2015 年 2 月。

69. 賈連翔：〈清華簡《筮法》與楚地數字卦演算方法的推求〉，《深圳大學學
報》（人文社會科學版）31 卷第 3 期，2014 年 5 月。

70. 賈連翔：〈試論出土數字卦材料的用數體系〉，《周易研究》第 128 期，
2014 年 11 月。

71. 廖名春：〈王家台秦簡《歸藏》管窺〉，《周易研究》第 48 期，2001 年 5 月。

72. 廖名春：〈清華簡《筮法》篇與《說卦傳》〉，《文物》2013 年第 8 期，2013

年 8 月。

73. 趙平安：〈再論所謂倒山形的字及其用法〉，《深圳大學學報（人文社會科學版）》第 31 卷第 2 期，2014 年 3 月。

74. 劉大鈞：〈讀清華簡《筮法》〉，《周易研究》第 130 期，2015 年 3 月。

75. 劉少敏、龐文龍：〈陝西岐山新出土周初青銅器等文物〉，《文物》1992 年第 6 期，1992 年 6 月。

76. 劉光勝：〈從清華簡《筮法》看早期易學轉進〉，《歷史月刊》2015 年第 5 期，2015 年 10 月。

77. 劉成群：〈清華簡《筮法》與先秦易學陰陽思想的融入〉，《周易研究》第 137 期，2016 年 5 月。

78. 劉延剛：〈《周易·說卦傳》成書年代新探〉，《四川師範學院學報》1990 年第 4 期，1990 年 8 月。

79. 劉彬：〈帛書《周易》「川」卦名當釋「順」字詳考〉，《周易研究》第 120 期，2013 年 7 月。

80. 劉彬：〈清華簡《筮法》筮數的三種可能演算〉，《周易研究》第 126 期，2014 年 7 月。

81. 劉震：〈清華簡《筮法》中的「象」、「數」與西漢易學傳承〉，《周易研究》第 125 期，2014 年 5 月。

82. 劉震：〈清華簡《筮法》與《左傳》、《國語》筮例比較研究〉，《周易研究》第 131 期，2015 年 5 月。

83. 蔡飛舟：〈清華簡《別卦》解詁〉，《周易研究》第 135 輯，2016 年 1 月。

84. 蔡飛舟：〈清華簡《筮法》補釋〉，《周易研究》第 130 期，2015 年 3 月。

85. 蔡飛舟：〈清華簡《筮法·爻象》芻論〉，《周易研究》第 143 期，2017 年 5 月。

86. 蔡運章：〈洛陽北窯西周墓青銅器銘文簡論〉，《文物》1996 年第 7 期，1996 年 7 月。

87. 蔡運章：〈秦簡「寡」、「天」、「曬」諸卦解詁——兼論《歸藏易》的若干問題〉，《中原文物》2005 年第 1 期，2005 年 2 月。

88. 賴少偉：〈「八卦方位」、「乾坤六子」說與早期易學的傳承〉，《揚州大學學報》第 28 卷第 1 期，2018 年 1 月。

89. 賴少偉：〈戰國楚簡數字卦演卦方法補議〉，《統計與決策》第 491 期，2017 年 12 月。

90. 賴少偉：〈戰國楚簡數字卦與筮法〉，收錄於謝維揚、趙爭主編：《出土文獻與古書成書問題研究》，上海：中西書局，2015 年 11 月。

91. 謝炳軍：〈清華簡《筮法》理論性與體系性新探〉，《理論月刊》2015 年第 6 期，2015 年 6 月。

92. 韓慧英：〈試析清華簡《筮法》中的卦氣思想〉，《周易研究》第 131 期，2015 年 5 月。

93. 蘇建洲：〈上博九《靈王遂申》釋讀與研究〉，《出土文獻》第 5 輯，2014 年 10 月。

（三）會議論文

1. 李宛庭：《戰國楚簡所見成對數字卦——以清華肆‧筮法為中心》，發表於「第四十七屆中區中文所碩博生研討會」，南投：國立暨南大學中國語文學系，2015 年。

2. 李尚信：〈關於清華簡《筮法》的幾處疑惑〉，發表於「2014《清華大學藏戰國竹簡》與儒家經典專題國際學術研討會」，濟南：山東省教育廳主辦，2014 年 12 月 6 日。

3. 季旭昇：〈從《筮法》與《周禮》談筮占「三十三命」〉，發表於「《清華大學藏戰國竹簡》與儒家經典專題國際學術研討會」，後錄於江林昌主編：《清華簡與儒家經典》，上海：上海古籍出版社，2017 年 10 月。

4. 金宇祥：〈《清華肆‧筮法》淺議〉，發表於「《中國文學研究》第四十二期暨第三十二屆論文發表會」，臺北：臺灣大學中國文學系主辦，2016 年 4 年 16 日。

5. 金宇祥：〈談楚簡中特殊的「齊」字〉，發表於「第 28 屆中國古文字國際學術研討會」，臺北：臺灣大學中文系主辦，2017 年 5 月。

6. 姚小鷗、高中華：〈關於清華簡《筮法》「鰥」命解說的若干問題〉，發表於「《清華大學藏戰國竹簡》與儒家經典專題國際學術研討會」，後收錄於江林昌主編：《清華簡與儒家經典》，上海：上海古籍出版社，2017 年 10 月。

7. 柯鶴立：〈巽之祟——《筮法》中的陰卦與女性角色〉，收錄於江林昌主編：《清華簡與儒家經典》，上海：上海古籍出版社，2017 年 10 月。

8. 張文智：〈從清華簡《筮法》等出土文獻中的相關內容看京房「六十律」及「納甲」說之淵源〉，發表於「《清華大學藏戰國竹簡》與儒家經典專題國際學術研討會」，後收錄至江林昌主編：《清華簡與儒家經典》，上海：上海古籍出版社，2017 年 10 月。

9. 陳睿宏：〈清華大學藏戰國竹簡《筮法》論譚〉，發表於「近現代出土文獻研究視野與方法國際學術研討會」，後收錄至國立政治大學中國文學系主編：《出土文獻研究視野與方法（第五輯）》，臺北：國立政治大學中國文學系，2014 年 11 月。

10. 葉檳豪：〈從《筮法‧卦位圖》與《說卦傳‧帝出乎震》之差異談易卦與五行對應體系的流變〉，發表於「第三屆『奇萊論衡』全國研究生文學研究暨文藝創作研討會」，花蓮：東華大學中文系主辦，2016 年 11 年 25 日。

11. 董春：〈論清華簡《筮法》之祟〉，發表於「清華簡與儒家經典專題國際學術研討會」，後收錄至江林昌主編：《清華簡與儒家經典》，上海：上海古籍出版社，2017 年 10 月。

12. 蔡運章：〈清華簡〈卦位圖〉哲學思想考辨〉，發表於「清華簡與儒家經典專題國際學術研討會」，後收錄至江林昌主編：《清華簡與儒家經典》，上海：上海古籍出版社，2017 年 10 月。

13. 魏慈德：〈談《別卦》的卦序與卦名及其與《筮法》的關係〉，發表於「《清華大學藏戰國竹簡》與儒家經典專題國際學術研討會」，後錄於江林昌主編：《清華簡與儒家經典》，上海：上海古籍出版社，2017 年 10 月。

（四）學位論文

1. 李宛庭：《清華大學藏戰國竹簡（肆）‧筮法研究》，臺中：國立中興大學中國文學研究所碩士論文，2015 年。

2. 金宇祥：《華大學藏戰國竹簡（壹）‧楚居研究》，臺北：國立臺灣師範大學國文學系碩士論文，2013 年。

3. 侯建科：《清華簡〈壹～陸〉異體字整理與研究》，重慶：西南大學碩士論文，2017 年。

4. 殷文超：《出土文獻視角下《周易》的卦畫與卦名研究》，上海：華東師範大學碩士論文，2017 年。

5. 曹振岳：《清華簡《筮法》研究》，曲阜：曲阜師範大學碩士論文，2015 年。

6. 彭華：《陰陽五行研究（先秦篇）》，上海：華東師範大學博士論文，2004 年。

7. 焦勝男：《清華簡《筮法》集釋》，合肥：安徽大學碩士論文，2016 年。

8. 劉佳佩：《清華簡《筮法》研究》，新竹：國立新竹教育大學中國語文學系碩士論文，2017 年。

（五）網路論文

1. 付強：〈說清華簡《筮法》中釋為「奴」之字〉，武漢大學簡帛網，網址：http://47.75.114.199/show_article.php?id=2016（2014 年 5 月 6 日）。

2. 季旭昇：〈清華簡《筮法》昭穆淺議〉，復旦大學簡帛網，網址：http://www.fdgwz.org.cn/Web/Show/2261（2014 年 5 月 2 日）。

3. 孫合肥：〈清華簡《筮法》箚記一則〉，復旦大學出土文獻與古文字研究中心網站，網址：http://www.fdgwz.org.cn/Web/Show/2222（2014 年 1 月 25 日）。

4. 郭永秉：〈說「慶忌」〉，復旦大學出土文獻與古文字研究中心網站，網址：http://www.fdgwz.org.cn/Web/Show/2210（2014 年 1 月 8 日）。

5. 陳劍：〈上博竹書《曹沫之陳》新編釋文（稿）〉，簡帛研究，網址：http://www.jianbo.sdu.edu.cn/system/_content/download.jsp?urltype=news.DownloadAttachUrl&owner=1407194306&wbfileid=4648142（2015 年 12 月）。

6. 楊坤：〈跋清華竹書《筮法》聖人卦位圖〉，武漢大學簡帛網，網址：http://47.75.114.199/show_article.php?id=1911（2013 年 9 月）。

7. 劉剛：〈讀《清華簡四》札記〉，復旦大學出土文獻與古文字研究中心網站，網址：http://www.fdgwz.org.cn/Web/Show/2209（2014 年 1 月 8 日）。

8. 劉雲：〈釋清華簡《筮法》中的「正」字〉，復旦大學出土文獻與古文字研究中心網站，網址：http://www.fdgwz.org.cn/Web/Show/2220（2014 年 1 月 21 日）。

9. 駱珍伊：〈說「旰日」〉，武漢大學簡帛網，網址：http://47.75.114.199/show_article.php?id=1981（2014 年 1 月 11 日）。

（六）網路論壇

1. 曰古氏：〈讀清華簡《筮法》小劄〉，復旦大學出土文獻論壇，第 25 樓，2014 年 1 月），網址：http://www.fdgwz.org.cn/forum/forum.php?mod=view

thread&tid=6980&extra=&page=3

2. 曰古氏：〈讀清華簡《筮法》小箚〉，復旦大學出土文獻論壇，第 20 樓，2014 年 1 月，網址：http://www.fdgwz.org.cn/forum/forum.php?mod=viewthread&tid=6980&extra=&page=2

3. 有鬲散人：〈初讀清華簡（四）筆記〉，簡帛論壇，第 10 樓，2014 年 1 月，網址：http://www.bsm.org.cn/forum/forum.php?mod=viewthread&tid=3155&extra=page%3D1&page=1

4. 有鬲散人：〈初讀清華簡（四）筆記〉，簡帛論壇，第 14 樓，2014 年 1 月，網址：http://www.bsm.org.cn/forum/forum.php?mod=viewthread&tid=3155&extra=page%3D1&page=2

5. 有鬲散人：〈初讀清華簡（四）筆記〉，簡帛論壇，第 45 樓，2014 年 1 月，網址：http://www.bsm.org.cn/forum/forum.php?mod=viewthread&tid=3155&extra=page%3D1&page=5

6. 有鬲散人：〈初讀清華簡（四）筆記〉，簡帛論壇，第 56 樓，2014 年 1 月，網址：http://www.bsm.org.cn/forum/forum.php?mod=viewthread&tid=3155&extra=page%3D1&page=6

7. 有鬲散人：〈初讀清華簡（四）筆記〉，簡帛論壇，第 64 樓，2014 年 1 月，網址：http://www.bsm.org.cn/forum/forum.php?mod=viewthread&tid=3155&extra=page%3D1&page=7

8. 奈我何：〈初讀清華簡（四）筆記〉，簡帛論壇，第 24 樓，2014 年 1 月，網址：http://www.bsm.org.cn/forum/forum.php?mod=viewthread&tid=3155&extra=page%3D1&page=3

9. 奈我何：〈初讀清華簡（四）筆記〉，簡帛論壇，第 28 樓，2014 年 1 月，網址：http://www.bsm.org.cn/forum/forum.php?mod=viewthread&tid=3155&extra=page%3D1&page=3

10. 海天遊蹤：〈初讀清華簡（四）筆記〉，簡帛論壇，第 46 樓，2014 年 1 月），網址：http://www.bsm.org.cn/forum/forum.php?mod=viewthread&tid=3155&extra=page%3D1&page=5

11. 無斁：〈初讀清華簡（四）筆記〉，簡帛論壇，第 30 樓，2014 年 1 月，網址：http://www.bsm.org.cn/forum/forum.php?mod=viewthread&tid=3155&extra=page%3D1&page=3

12. 無斁：〈初讀清華簡（四）筆記〉，簡帛論壇，第 50 樓，2014 年 1 月，網址：http://www.bsm.org.cn/forum/forum.php?mod=viewthread&tid=3155&extra=page%3D1&page=5

13. 程少軒：〈關於清華簡《筮法》八卦圖「坎離易位」的一點推測〉，復旦大學出土文獻古文字研究中心論壇，第 1 樓，2013 年 8 月 19 日，網址：http://www.fdgwz.org.cn/forum/forum.php?mod=viewthread&tid=6641&extra=&page=1

14. 暮四郎：〈初讀清華簡（四）筆記〉，簡帛論壇，第 11 樓，2014 年 1 月，網址：http://www.bsm.org.cn/forum/forum.php?mod=viewthread&tid=3155&extra=page%3D1&page=2

15. 暮四郎：〈初讀清華簡（四）筆記〉，簡帛論壇，第 19 樓，2014 年 1 月，網址：http://www.bsm.org.cn/forum/forum.php?mod=viewthread&tid=3155&extra=page%3D1&page=2

16. 暮四郎：〈初讀清華簡（四）筆記〉，簡帛論壇，第 34 樓，2014 年 1 月，網址：http://www.bsm.org.cn/forum/forum.php?mod=viewthread&tid=3155&extra=page%3D1&page=4

17. 暮四郎：〈初讀清華簡（四）筆記〉，簡帛論壇，第 40 樓，2014 年 1 月，網址：http://www.bsm.org.cn/forum/forum.php?mod=viewthread&tid=3155&extra=page%3D1&page=4

18. 暮四郎：〈初讀清華簡（四）筆記〉，簡帛論壇，第 49 樓，2014 年 1 月，網址：http://www.bsm.org.cn/forum/forum.php?mod=viewthread&tid=3155&extra=page%3D1&page=5

19. 暮四郎：〈初讀清華簡（四）筆記〉，簡帛論壇，第 66 樓，2014 年 1 月，網址：http://www.bsm.org.cn/forum/forum.php?mod=viewthread&tid=3155&extra=page%3D1&page=7

20. 暮四郎：〈初讀清華簡（四）筆記〉，簡帛論壇，第 6 樓，2014 年 1 月，網址：http://www.bsm.org.cn/forum/forum.php?mod=viewthread&tid=3155&extra=page%3D1&page=1